"田·坊·堂"

赋能型职业教育脱贫理论与实践

基于甘肃省泾川县职业教育中心的扶贫实践研究

赵博琼 主编

旅游教育出版社
·北京·

责任编辑：何丹

图书在版编目（CIP）数据

"田·坊·堂"赋能型职业教育脱贫理论与实践：基于甘肃省泾川县职业教育中心的扶贫实践研究 / 赵博琼主编. -- 北京：旅游教育出版社，2021.5

ISBN 978-7-5637-4240-0

Ⅰ. ①田… Ⅱ. ①赵… Ⅲ. ①职业教育－扶贫－研究－甘肃 Ⅳ. ①G719.2

中国版本图书馆CIP数据核字(2021)第078463号

"田·坊·堂"赋能型职业教育脱贫理论与实践：基于甘肃省泾川县职业教育中心的扶贫实践研究

赵博琼　主编

出版单位	旅游教育出版社
地　　址	北京市朝阳区定福庄南里1号
邮　　编	100024
发行电话	（010）65778403　65728372　65767462（传真）
本社网址	www.tepcb.com
E - mail	tepfx@163.com
排版单位	北京旅教文化传播有限公司
印刷单位	唐山玺诚印务有限公司
经销单位	新华书店
开　　本	710毫米 × 1000毫米　1/16
印　　张	12.25
字　　数	128千字
版　　次	2021年5月第1版
印　　次	2021年5月第1次印刷
定　　价	45.00元

（图书如有装订差错请与发行部联系）

编委会

主编 赵博琼

成员（以姓氏音序排序）

褚作灵　段存伟　郭宝红　郭海峰　郭虎祥

景仁义　景永清　李兴旺　梁　军　吕彦杰

苏洁波　孙　胤　脱素琴　王　静　王一斌

温小利　张国荣　张鸿翔　张乃强　张　琦

郑剑冲　周晓军

前 言

治贫先治愚。教育扶贫是我国扶贫开发总体战略的重要组成部分，抓好教育是扶贫开发的根本大计，是阻断贫困代际传递的关键举措。作为各类教育中见效最快、成效最显著的扶贫方式，职业教育为贫困地区适龄青年提供了丰富的职业选择和多层次的学历教育，为劳动适龄人口提供了多样的技术技能培训。

随着我国扶贫战略从长期扶贫转向脱贫攻坚，作为攻坚地域的西部地区成为重中之重，县域职业教育如何助力当地扶贫脱贫逐渐被提上议程。调查分析发现，贫困的主要原因是"能力贫困"，职业教育如何解决"能力贫困"、阻断贫困代际传递成为解决问题的有效路径。

作为西部地区的县级职业教育中心，我校在十一年的职教扶贫进程中，将赋能理论、要素禀赋理论、能力贫困理论等外国理论本土化，结合具体实践，构建了融"田·坊·堂"、赋能、职业教育与扶贫脱贫为一体的"田·坊·堂"赋能型职业教育脱贫理论和实践体系，为我国西部地区职业教育扶贫探索了新样本、新理论与新模式。

"田·坊·堂"赋能型职业教育脱贫理论依托田头教育、岗位教育、学校教育三要素，以赋能扶贫为内蕴，以跨课堂的三要素活动空间为实践基地和载体，在生产经营过程中开展职业教育、赋能教育和专业教学，促进学生和农民在实战中赋能、在共生中成长、在成长和赋能中实现精准就业。"田·坊·堂"是赋能的途径，赋能是"田·坊·堂"的结果，脱贫是实现的目标。

通过认真贯彻落实习近平总书记关于脱贫攻坚工作的重要讲话精神和中央、省市脱贫攻坚安排部署，我校积极践行"田·坊·堂"赋能型职业教育脱贫模式，按照"依托项目夯基础，瞄准市场设专业，接轨企业搞教改，突出实训抓质量，扩大就业促效益"的办学思路，围绕"订单培养一人、精准就业一人、精准脱贫一家"的目标任务，充分发挥职业教育资源优势，不断强化机制保障，科学设置专业，深化产教融合，落实资助政策，大力开展技能培训鉴定和送教下乡涉农服务，以赋能为核心培养了一大批高素质技术技能型人才，为助推脱贫攻坚战作出了应有贡献。在此基础上，"田·坊·堂"赋能型职业教育脱贫理论从孕育到形成、再到深化与检验推广，不断成熟，广受肯定，被《中国教育报》《甘肃日报》等多家媒体报道，并在甘肃、青海等省内外交流推广。

本书由赵博琼担任主编，张国荣、张鸿翔、郭宝红担任副主编，分别从中国的贫困问题与脱贫背景、"田·坊·堂"赋能型职业教育脱贫理论、"田·坊·堂"赋能型职业教育脱贫实践等方面对我校的职业教育扶贫脱贫进行了总结提炼，以期与各位职教战线的同人分享。

成书之时，特别感谢华南师范大学教授、博士生导师、全国教育专业学位职业技术教育专家组副组长、广东省人力资源研究会产教融合协同创新专委会主任刘志文和华南师大粤港澳大湾区旅游发展研究中心执行主任、教授、硕士生导师、全国旅游职业教育教学指导委员会委员董家彪等职教专家的大力支持和悉心指导。特别感谢学校全体成员的辛勤努力，并感谢所有为本书提供过支持和帮助的人。

在此，对所有提供帮助者表示衷心的谢意！由于编者水平有限，书中难免有所纰漏，敬请各位读者批评指正！

赵博琼

2020 年 10 月 28 日

目　录

1. 中国的贫困问题与脱贫背景 / 1
   1.1 中国的贫困与反贫困背景 / 1
   1.2 中国的脱贫战略及政策 / 2
   1.3 职业教育的脱贫使命与路径选择 / 5
   1.4 职业教育的脱贫理论 / 8

2. "田·坊·堂"赋能型职业教育脱贫理论 / 12
   2.1 赋能的目标体系 / 12
   2.2 赋能的内容体系 / 14
   2.3 赋能的途径体系 / 17
   2.4 赋能的保障体系 / 22

3. "田·坊·堂"赋能型职业教育脱贫实践 / 32
   3.1 2010年前：整合资源，搭建平台 / 32
   3.2 2010—2014年："田·坊·堂"多元扶贫模式 / 34
   3.3 2014—2018年："田·坊·堂"教学成效新突破 / 45
   3.4 2018年至今："田·坊·堂"精准赋能成效初现 / 57
   3.5 精准赋能的脱贫实践成果、成效与反思 / 60
   3.6 关于赋能型职业教育脱贫实践的发言、论文及方案等材料 / 62

4. 学生脱贫案例 / 144

4.1 在汗水和坚持中实现人生梦想
——记 2007 级数控技术应用专业毕业生刘东 / 144

4.2 昔日职教起航，今朝职场圆梦
——记 2008 级机电技术应用专业毕业生姚亮 / 147

4.3 在不断奋斗中前进
——记 2008 级机电技术应用专业毕业生孙永哲 / 148

4.4 职业教育，让她从这里放飞梦想
——记 2008 级机电技术应用专业毕业生张改霞 / 150

4.5 技能成就精彩人生
——记 2011 级焊接技术应用专业毕业生胡勇 / 152

4.6 职业教育成就出彩人生
——记 2013 级汽车运用与维修专业毕业生常天云 / 154

4.7 技能培养自信，勤奋成就梦想
——2014 级机电技术应用专业毕业生张淑霞 / 158

4.8 职业教育，阻断贫穷
——记 2014 级电子电器应用与维修专业毕业生崔小红 / 160

4.9 天行健，君子以自强不息
——记 2015 级机电技术应用专业学生千小涛 / 161

4.10 乐于工作，甘于奉献
——记 2015 级电子电器应用与维修专业毕业生史良 / 163

附 录 / 165

附录1 《中共平凉市委办公室 平凉市人民政府办公室关于不断完善现代职业教育体系 努力打造西北职业教育高地的实施意见》/ 165

附录2 《中共泾川县委办公室　泾川县人民政府办公室关于落实〈关于加快完善现代职业教育体系　打造陕甘宁三省区职业教育高地的意见〉的实施意见》/ 173

附录3 《泾川县实施职业教育"技能脱贫"工程试点项目方案》/ 180

参考文献 / 184

1. 中国的贫困问题与脱贫背景

1.1 中国的贫困与反贫困背景

在中国历史发展中,摆脱贫困实现小康和大同社会是历代仁人志士的理想。尤其是近代后,随着工业革命的冲击,世界各国以及地区之间的贫富差距与发展不平衡问题逐渐显现,贫困问题逐渐演变成为世界性的议题。摆脱贫困,实现国家富强与现代化成为欠发达国家与地区面临的紧迫任务。反贫困也成为经济学家、政治学家、教育学家、社会学家等探讨的主要问题之一。

那么什么是贫困?目前国际上有多种界定。中国与大多数国家一样采用的是"绝对贫困"的定义。早在1901年英国学者朗特里研究"绝对贫困"的时候提出的就是人的基本生理需求没有得到满足,就可以被认为是处于绝对贫困状态。人的基本生理需求主要包括吃、穿、住几方面。其中吃的方面,按照全世界通行的标准,一个人一天平均下来,热量不能低于2100卡,蛋白质不能低于60克。穿衣方面,主要是解决保暖问题。住的方面就是最少要有一间遮风挡雨的房子。上述任何一个方面的最低水平没有得到满足,就可以被认为是处于绝对贫困状态中。

当然我们国家由于地域辽阔,地区之间地理环境与文化传统差异较大,国家层面对贫困设定的标准线,随着经济发展水平的不同在不同时期有不同的标准。例如据统计 1949 年，城镇居民的人均现金收入不过 100 元，农村居民家庭人均纯收入只有 44 元，许多人温饱都成问题，解决绝对贫困是解放初期我国面临的最现实、最棘手的问题。1949—1977 年经过了土地改革与一五计划，国家从生产资料所有制改革入手，调动各行各业的生产积极性，大大减轻了广大农村居民的经济负担，提高了城镇居民的收入，全国人民的生活相比之前有了很大的改善。但随后的政治运动打断了国家现代化的进程，农村生产力受到不同程度的破坏，农村的贫困问题没有得到真正解决。从 1957 年到 1978 年期间，农业生产总值只增长了 83.97%，农民人均纯收入只从 72.95 元增加到 133.57 元。到 1978 年改革开放前，农村绝对贫困人口仍有 2.5 亿之多，占农村人口总数的 30% 左右，其中中西部地区的贫困人口占总人数的大部分，是我国扶贫减贫的重要阵地之一。[①]

1.2　中国的脱贫战略及政策

面临贫困的现实问题，减贫扶贫成为历届政府的主要责任和政治使命。当然，减贫扶贫首先要明确人们为什么贫困，只有将导致贫困的缘由明确了才能进行有针对性的扶贫。目前关于导致贫困的缘由，学界有以下几种不同的解释。在西方社会学界，贫困问题很早就被关注与研究，形成了不同的流派与解释范式。主要有马克思的贫困结构论、甘斯的贫困功能论、刘易斯的贫困文化论、瓦伦丁的贫困处境论、约瑟夫的剥夺循环论、费里德曼的个体主义贫困论等。[②]另外西方经济学界根据经济学的研究路径与解释范式对贫困问题进行了深入分析，深刻揭示了贫困的经济学根源和特点，具有很强的说服力与启发意义。主要有马尔萨斯的土地报酬递减论、人口发展质量理论，

---

① 李忠杰：《新中国 70 年贫困治理的历程与经验》，《社会治理》2019 年第 7 期，第 7-8 页。
② 藩泽泉：《转型与发展：当代中国贫困问题研究》，中国社会科学出版社，第 6 页。

纳尔逊的"低水平循环陷进"、莱本斯坦的"临界最小努力理论"、舒尔茨的"人力资本论"等。①

中国学界结合我国的实际现状，提出了以下几种解释范式。一是资源要素贫困观，认为我国农村贫困地区由于资源禀赋的丰裕与优劣程度不同，导致地区之间贫富差异巨大。二是素质贫困论，认为贫困的群体普遍创业意愿微弱，易于满足；风险承受能力低，不愿冒险；生产生活中的独立性、主动性较差，有较重的依赖思想，安于现状，乐于守成。②三是系统贫困观，认为自然生态和人文生态的互相作用，形成陷进—隔离—均衡所构成的一个低层次的、低效率的、无序的、稳定的区域经济运转体系，这个体系规定着贫困延续的轨迹。四是城乡二元结构论，认为以行政主导的中国城乡二元的体制结构是贫困再生产的主要缘由。

综合上述各种观点，从认识论的角度来看，对贫困缘由的研究不外乎从宏观、中观、微观三个维度进行分析，从不同角度对贫困形成的缘由进行分析与解释，对脱贫措施的制定与实施有一定的指导价值。各种纷杂的理论正说明贫困问题是非常复杂的，是综合性的议题，单靠某一个方面的理论很难成功解决。因此我们国家在进行扶贫脱贫战略的制定与实施过程中，结合我国实际采取了组合拳形式，对解决贫困问题作出了中国贡献，贡献了中国方案。

一般认为，改革开放后我们国家扶贫战略措施大约分为三个阶段。第一阶段为1978—1994年，这一阶段主要以解决贫困地区的温饱为主要扶贫目标。采取的是区域扶贫的办法，主要特点就是以区域开发为主。比如，1978年，按中国政府确定的100元贫困标准统计，农村贫困人口为2.5亿人，占全国人口总数的25.97%，占世界贫困人口总数的1/4。针对这种状况，十一届

---

① 沈红：《中国贫困研究的社会学评述》，《社会学学研究》2000年第2期。
② 沈红：《中国贫困研究的社会学评述》，《社会学学研究》2000年第2期。

三中全会制定了一系列加快农业发展的政策措施。从 1978 年到 1985 年，农民人均纯收入增长 2.6 倍；没有解决温饱的贫困人口从 2.5 亿人减少到 1.25 亿人，贫困人口平均每年减少 1786 万人。①1984 年 9 月 29 日，中共中央、国务院联合发出《关于帮助贫困地区尽快改变面貌的通知》，要求集中力量解决十几个连片贫困地区的问题。1991 年 3 月，全国扶贫开发工作会议召开。到 1993 年底，全国农村没有解决温饱的贫困人口减少到 8000 万人。第二阶段 1994—2010 年，这一阶段政府主要采取了有计划、有组织的扶贫措施，分阶段、分步骤实现区域脱贫。1994 年 3 月，《国家"八七"扶贫攻坚计划》开始实施，明确提出集中人力、物力、财力，用 7 年左右时间，也就是到 2000 年末，力争基本解决 8000 万农村贫困人口的温饱问题。明确了扶贫开发的基本途径和主要形式，制定了信贷、财税、经济开发方面的优惠政策，并对资金的管理使用、各部门任务、社会动员、国际合作、组织与领导等作出规定。经过广大干部群众的艰苦努力，扶贫开发取得了显著效果。到 2000 年底，"八七"扶贫攻坚计划的目标基本实现。根据中国政府当时的贫困标准，农村绝对贫困人口减少到约 3000 万人。2001 年 5 月，我国政府制定并颁布了《中国农村扶贫开发纲要（2001—2010 年）》，提出低收入标准，进一步明确了 2001—2010 年扶贫开发总的奋斗目标：经过努力，到 2007 年底，中国绝对贫困人口减少到约 1400 万人，低收入人口减少到约 2800 万人；到 2010 年，按低收入贫困线衡量的农村贫困人口为 2688 万人。第三阶段 2011 年至今，扶贫战略从"区域扶贫"转向"精准扶贫"。2013 年 11 月 3 日习近平总书记在湖南省湘西州花垣县十八洞村考察时首次提出"精准扶贫"的战略思想。认为扶贫要实事求是，要因地制宜，要精准扶贫，切忌喊口号，也不要定好高骛远的目标。随后，同年 12 月中共中央办公厅、国务院办公厅发布了

---

① 李忠杰：《新中国 70 年贫困治理的历程与经验》，《社会治理》2019 年第 7 期。

25号文件《关于创新机制扎实推进农村扶贫开发工作的意见》。提出了六个工作机制，精准扶贫就是其中之一。精准扶贫要求扶贫的针对性要强，不能停留在区域层面，要精准到户，精准到人。2016年3月，《"十三五"规划纲要》将党中央脱贫攻坚的决策部署变为国家意志和可操作的规划，对全力实施脱贫攻坚总体目标作出战略部署。打赢脱贫攻坚战的总体目标是：到2020年，稳定实现农村贫困人口不愁吃、不愁穿，义务教育、基本医疗和住房安全有保障；实现贫困地区农民人均可支配收入增长幅度高于全国平均水平，基本公共服务主要领域指标接近全国平均水平；确保我国现行标准下农村贫困人口实现脱贫，贫困县全部摘帽，解决区域性整体贫困。

按照中央部署，实行脱贫攻坚责任制，中央统筹、省负总责、市县落实、合力攻坚。实行最严格的考核评估制度。采取产业扶贫、易地扶贫搬迁、劳务输出扶贫、交通扶贫、水利扶贫、教育扶贫、健康扶贫、金融扶贫、农村危房改造、土地增减挂钩、水电矿产资源开发资产收益扶贫等多种脱贫攻坚方法。每个贫困村都有驻村工作队（组），每个贫困户都有帮扶责任人。

1.3　职业教育的脱贫使命与路径选择

职业是社会发展与分工的产物，是个人为谋生和发展而从事的具有差异性的专门技术、相对稳定的规范性的社会活动。职业有技术性、经济性、社会性、稳定性、规范性、差异性等特征。职业教育是一种教育类型，在我国由于不同于西方的历史政治文化背景与教育体制，对职业教育的界定与功能的认知与西方社会有一定的差异。从我国现代教育史发展来看，与普通教育相比较而言，职业教育是为了解决就业和生计问题而提出的。如黄炎培所说，"用教育方法，使人人依其个性，获得生活的供给与乐趣，同时尽其对群之义务"，使"无业者有业，使有业者乐业"。中国的职业教育从诞生之日起就与就业有着天然的联系。从传统的农业、手工业到现在的机器大工业以及信息技术革命中的产业转型升级，职业教育为促进产业发展提供了强大的人力资源，是中国制造业得以存在、发展、提升的基石。当前我国的脱贫扶贫战略进入攻坚阶段，教育扶贫是重要的手段和措施之一，某种程度上也是扶贫的重要目标之一。经济发展促进教育质量提升，而教育进步又会为经济的高质量发展注入活力。扶贫的最终目标就是人的全面发展。职业教育对人力资本附加值的提升具有重要的直接作用，发展职业教育对个人、家庭、社会都具有重大意义，我国的广大贫困地区长期处在贫困再生产的恶性循环中，教育的落后是其重要原因之一。而使人获取一技之长的职业教育无疑对提升贫困地区的人员素质和就业能力具有关键作用。所以对职业教育的扶持与支持已经成为上至中央下至地方政府的重要职责之一。比如2002年8月发布的《国务院关于大力推进职业教育改革与发展的决定》，2005年10月发布的《国务院关于大力发展职业教育的决定》，2014年5月发布的《国务院关于加快发展现代职业教育的决定》，对职业教育的扶贫使命都有明确规定。

职业教育扶贫行动主要集中在四个方面：一是职业学校针对贫困地区招生，二是"雨露计划"，三是职业教育帮扶农村劳动力转移计划，四是职业教育帮扶农民工学历与能力提升行动计划。

2003年11月10日，《教育部 财政部 劳动保障部关于开展东部对西部、城市对农村中等职业学校联合招生合作办学工作的意见》（以下简称《联合招生意见》）发布。《联合招生意见》提出：第一，东部地区、城市要积极支持和鼓励办学有特色的骨干示范性中职学校，依据东部地区、城市经济建设，特别是制造业发展需要，按照订单培养模式面向西部和农村跨地区单独招生；第二，鼓励东部地区、城市办学有特色的骨干示范性中职学校到西部地区和农村，特别是到国家级、省级扶贫重点开发县与当地中职学校开展合作办学（一对一或一对多）、联合招生、分段培养；第三，东部地区要选择和确定一批办学有特色的骨干示范性中职学校,以定向招生、定向培养方式,为西部大开发和西部地区国家重点建设工程培养急需的实用技术人才。

2007年3月22日,国务院扶贫开发领导小组办公室颁布《关于在贫困地区实施"雨露计划"的意见》。"雨露计划"是国务院扶贫开发领导小组办公室带头实施的以提高扶贫对象自我发展能力、促进就业为核心的工程。"雨露计划"的实施对象:扶贫工作建档立卡的青壮年农民(16—45岁);贫困户中的复员退伍士兵(含技术军士,下同);扶贫开发重点村的村干部和能帮助带动贫困户脱贫的致富骨干。2015年6月2日发布的《国务院扶贫办 教育部 人力资源和社会保障部关于加强"雨露计划"支持农村贫困家庭新成长劳动力接受职业教育的意见》将"雨露计划"的扶持对象逐步扩大到包括子女接受中等职业教育(含普通中专、成人中专、职业高中、技工院校,下同)、高等职业教育的农村建档立卡贫困家庭。其扶持方式为符合条件的贫困学生无论在何地就读,其家庭均可在户籍所在地申请扶贫助学补助。补助资金通过一卡通(一折通)直接补给贫困家庭。

2004年3月24日,《教育部关于印发〈村劳动力转移培训〉的通知》(计划一)要求:在城乡合作办学和东西部合作办学中,实行"1+2""2+1""1+1+1"等模式,让西部地区和农村中职学生在当地学习一至两年,完成文化和部分专业基础课后,再到东部地区、城市的中职学校和对口企业,接受专业教育和技能训练,毕业后主要面向东部地区和城市就业。

2016年3月1日,教育部、中华全国总工会印发《农民工学历与能力提升行动计划——"求学圆梦行动"实施方案》。"求学圆梦行动"总体目标:建立学历与非学历教育并重、产教融合、校企合作、工学结合的农民工继续教育新模式;实施"求学圆梦行动",提升农民工学历层次和技术技能水平,帮助农民工实现体面劳动和幸福生活,有效服务经济社会发展和产业结构转型升级。

1.4 职业教育的脱贫理论

职业教育在扶贫脱贫领域发挥了重要作用，尤其是对贫困地区人力资源开发与人才素质提升显现出重要的作用，对打破贫困的代际传递与贫困陷阱具有重要意义，同时有力地支撑了地方经济发展与产业转型。目前有多种职业教育扶贫理论，这里重点介绍以下几种理论，以期对指导职业教育扶贫实践具有一定的启发意义。

1.4.1 能力贫困理论

在研究制造贫困问题的教育根源时，著名的阿马蒂亚·森最早从能力贫困论、功能贫困论、权利贫困论等视域讨论贫困问题，用人们能够取得某种基本生活内容、获取可持续生计的能力和人们能够得到的自由来理解贫困和剥夺。阿马蒂亚·森的主要理论贡献是不能把贫困问题仅仅看作收入低下或消费水平低下，贫困的实质是人们缺乏改变生存困境、获取发展的机会，以及缺乏积累人力资本和获取经济收益的能力，换句话说，就是贫困人口无法平等地获取或接触到许多产品和服务，不具备把这些产品转化成效用的能力。良好的教育和健康的身体不仅能直接提高生活质量，而且能提高个人获得更多收入以及摆脱贫困的能力。阿马蒂亚·森的能力贫困理论，超越了以往收入贫困理论对贫困问题的单维度认识，将对贫困的原因分析从经济要素扩展到政治、法律、文化、制度等领域。阿马蒂亚·森的能力贫困理论对我国可持续性减贫、扶贫措施具有重要的启发意义，也对职业教育如何发挥在减贫、脱贫中的作用具有重要指导价值。

1.4.2 赋能理论

赋能最早是积极心理学中的概念，后来延伸至管理学、医学、社会工作、教育学等学科体系中。该词最初源于英文"empowerment",可以解释为给予某人权力、能力或者能量,也就是通过放权与激励充分发挥一个人的潜能和才智。20世纪20年代,现代管理学理论预言家玛丽·帕克·弗莱特提出,等级森严的企业组织结构不利于企业的发展,企业应该采用结合更多民主因素的管理方式。她认为,在进行企业决策时应充分考虑企业第一线员工的经验和知识。哈佛商学院教授的罗莎贝斯·莫斯·坎特所著的《变革大师》一书,为在企业中树立"赋能授权"的概念和使员工能够更多地参与企业管理的实践奠定了基础。赋能理论开始在各学科开展研究与应用,不同学科的学者通过不同的视角解读赋能理论,在其含义、类型等问题上得出了广泛的研究成果,但是由于授权赋能涉及的学科众多,各专家学者总有理论侧重,目前还缺乏获得广泛认可的研究结果。近几十年来国内互联网公司的崛起,引起工作场景的变化,使得该理论的使用频率逐渐增高。如阿里巴巴总参谋长曾鸣提出"未来组织最重要的功能已经越来越清楚,那就是赋能,而不再是管理或激励。"之后,"赋能"一词开始上升为所有互联网巨头的发展战略之一。马云在2017年提出阿里巴巴是一家"赋能公司,赋能商家以及中小型企业";马化腾则表示腾讯推动着去中心化的赋能并提出"连接一切,赋能于人"的管理观。京东在2016年提出了"授权、赋能、激活"的管理主体并且发布了"零售赋能"的新战略;联想则表示AI驱动了第四次工业革命,联想要做赋能者与推动者等。总之,赋能理论的兴起正符合当下社会管理以及教育生态变革的需要。

目前不同领域的学者对赋能有不同的解读,总体来说有三种类型。一种是结构性赋能,强调的是要建立一个赋能氛围的组织,在这个组织中权力属于每个层次的员工个人。若员工感受到被赋予一定的权力,在工作态度和组织效率方面会有所改善。第二种是心理赋能,是一种员工的自我感知过程,在工作过程中员工对自己的价值、能力、影响力和控制力产生感知,并由此产生自我激励。主要表现在提升他们的内部动机，从而完成赋能。第三种是领导赋能，指一种权力的下放，让员工普遍获得权力。后来进一步发展为领导如何让自己的员工获得权力并提高能力，这要求领导在企业中能够做到领导指导和领导激励。

教育界应用赋能理论主要体现在两方面，一方面是利用赋能理论管理教师团队的建设，另一方面是利用赋能理论提升学生的学习效果。在扶贫领域应用赋能概念具有创新性。职业教育扶贫中的"赋能"，并不仅仅停留在给予贫困家庭的经济资助和物质帮扶上，而是通过职业教育赋予贫困地区人口、贫困家庭的孩子各种能量和能力，使其完成从技到能、从能到人的演进，进而自食其力，主动脱贫。这是具有内生动力的扶贫治本之举，对完成中央部署的部分地区的脱贫攻坚任务具有重大意义。

1.4.3 建构主义学习理论

建构主义学习理论是心理学从行为主义发展到认知主义后进一步发展的结果。代表人物主要有皮亚杰、布鲁纳、杜威等。从心理学的角度来看，建构主义与客观主义相对立，强调学习是积极主动的意义建构和社会互动过程。建构主义认为知识具有动态性，不是对现实的纯粹客观反映。它只不过是人的一种解释、假设，是不断发展的，不是最终答案。在具体情境中，知识可以再创造。并且对于同一知识，由于学生的经验背景不同，对知识命题会有不同的理解。建构主义者认为，学习是社会文化背景下，通过人与物、人与人的互动，使学习者主动建构自己的知识经验的过程。建构主义者强调学生经验的丰富性与差异性。建构主义理论提出后，对哲学、政治学、历史学、教育学产生了重要影响。

建构主义对中国职业教育教学也产生了重要影响，认为以实践为先导的职业教育对学生经验提升与知识的形成具有重要价值，能够激发学生学习动机。这些经验知识有大部分是属于英国哲学家波兰尼所提出的默会知识，具有很强的个人性。同时建构主义学习理论也启发了职业教育对职业场景与情景的重视等。总之建构主义学习理论对以实践为主的职业教育具有很强的理论指导价值，是构建新时代中国职业教育理论的重要参照，对指导职业教育在教育扶贫过程中的实效性也具有很重要的参考价值。

2. "田·坊·堂"赋能型职业教育脱贫理论

随着我国扶贫战略从长期扶贫到脱贫攻坚，西部地区是重中之重，县域职业教育如何助力当地扶贫脱贫逐渐被提上议程。

调查分析发现，西部地区贫困的主要原因是能力贫困，职业教育如何解决能力贫困、成为阻断贫困代际传递问题的有效路径，是职业教育服务当前国家发展战略的现实需要。《中华人民共和国职业教育法》第二十三条规定，"职业学校、职业培训机构实施职业教育应当实行产教结合，为本地区经济建设服务，与企业密切联系，培养实用人才和熟练劳动者"，职业教育的目标就是培养"德智体美劳全面发展的高素质劳动者和技术技能人才"。因此，我们借鉴赋能理论的相关知识，根据泾川县职业教育中心的长期实践经验，提出"田·坊·堂"赋能型职业教育脱贫理论，核心就是通过职业教育赋予贫困地区适龄青年、贫困地区剩余劳动力等各种能量和能力，完成从技到能、从能到人的演进，进而使其自食其力、主动脱贫。赋能型职业教育是具有内生动力的扶贫治本之举，对阻断贫困代际传递具有重大意义。

2.1 赋能的目标体系

职业教育的赋能目标指通过职业教育过程所要达到的预期结果。在职教扶贫的视角下，贫困主要包括精神贫困与智力贫困。通过职业教育助推脱贫攻坚，应以增强贫困人口摆脱贫困的内生动力为价值主线，主要从提振职业教育对象的脱贫信心和培养职业教育对象的脱贫技能等维度出发，构建起职业教育赋能的目标体系。

2.1.1 提振职业教育对象的脱贫信心

长期生活于贫困家庭的子女，"贫困亚文化"导致其形成了习得性的思维模式和行为习惯，精神状态和心理严重贫困，缺乏自食其力、摆脱贫困的思想和自力更生的决心。当然，造成贫困人口精神贫困的原因很多，有的是因遗传性贫困导致的，县域地区的长期生活者沿袭着祖辈的生活方式，在内心比较认同现有生活状态，许多人没有意识到自己的生活属于贫困生活；有的是因懒惰性贫困导致的，部分贫困群众过着得过且过的生活，不愿意参加劳动创造财富，一些人甚至寄希望于社会救济来改善其生活；有的是遭受生产生活意外导致的，如在生产、生活中遭遇完全超出自己和家庭承受能力的疾病或灾害。

在"贫困亚文化"的影响下，贫困学生的心智成熟度与同龄人相比偏低，自身信心不足、毅力缺失等问题突出，容易出现贫困代际传递。"志不强者智不达"，只有拥有坚强的意志与足够的内生动力，才能使外在的智慧和社会帮扶发挥效用。因此，职业教育学校要把提升贫困学生的脱贫信心作为赋能帮扶的首要目标任务来抓，要从贫困文化的根源上斩断"穷根"，进而激发贫困学生脱贫致富的内生动力，以"扶观念"改变陈规陋习，"扶信心"树立脱贫信念，切实帮助贫困学生树立起改变自身命运、奋力脱贫致富的思想、意志和信心。

2.1.2 培养职业教育对象的脱贫技能

贫困人口的能力贫困是贫困人口脱贫致富的核心瓶颈，无论是在当地务农就业，还是外出打工，自身的技术技能缺乏直接导致了其经济收入低下，严重影响着贫困人口的脱贫致富。以培养高素质劳动者和技术技能人才为目标的职业教育，培养受教育对象的脱贫技能是其重要目标，也是职业教育帮助贫困学生摆脱贫困、自力更生的立身之本。

当下职业教育的时代性和应用性变得更强。对于职业教育全日制学生，职业学校要主动面向社会市场，以市场需求为导向，以专业技能岗位标准为依据，归纳和提炼行业企业所需的职业技能，从而在教学中有针对性地对学生进行教育与培训，增强学生的专业技能，提高学生的专业能力和创新适应能力，增强学生未来发展的核心竞争力，以此为职业学校学生的脱贫致富提供专业技术技能支撑。另外，职业学校应通过开展职业指导与创业教育、职业生涯规划、就业创业讲座、社团创新活动等，对学生进行创业意识教育和创新素质培养，为他们植入"创新创业基因"，提高学生的可迁移技能和职业核心竞争力，降低学生可持续发展的职业转换成本，为将来的创业奠定基础。

对于农村剩余劳动力等职业教育培训对象，职业学校要以农村生产生活需求和现代农业技术为重点内容，通过开展果树种植、蔬菜栽种、畜牧养殖等适应地方农村主导产业的技能培养培训来提高农民、扶持农民，培养"爱农业、懂技术、善经营"的新型职业农民，使贫困农民脱贫致富，让农业经营有效益，让农业成为有奔头的产业，让农民成为体面的职业。

2.2 赋能的内容体系

为了高效达成提振职业教育对象的脱贫信心、培养职业教育对象的脱贫技能等目标，职业学校要以赋予贫困群众战胜贫困的能力为导向，通过职业教育使贫困群众获得新的职业观念、知识与技能和综合素质，提升其职业发展能力，使其将职业能力转化为经济收益、最终战胜贫困。

2.2.1 志向、自信

习近平总书记指出，"坚持开发式扶贫方针，把发展作为解决贫困的根本途径，既扶贫又扶志，调动扶贫对象的积极性，提高其发展能力，发挥其主体作用。"人穷志不能短，扶贫必先扶志。摆脱贫困首要并不是摆脱物质的贫困，而是要摆脱意识和思路的贫困。

"扶志"作为职业教育激发职业教育对象或贫困群众内生动力的重要手段，已成为拔除"穷根"的重要路径之一。职业学校应以激发贫困学生或贫困群众的脱贫积极性为出发点，通过心理疏导、文化自信培育、科学思想引领等教育方式，让贫困学生建立起学业自信，进而形成职业自信，从内心深处形成"我能战胜贫困"的自我认同感与自信。

针对家庭贫困人口和职业教育中的贫困对象，一是职业学校可以建立"师徒结对帮扶"制度，按照教师性别、年龄等差异化搭配，以"一对一"或"一对多"的形式帮扶每名贫困学生，跟踪排查掌握贫困学生的心理健康状况，从思想观念上帮助其形成远大的志向和正确的职业发展规划，助其树立脱贫志向和信心。心理帮扶产生的正能量有助于学生正向性格的养成，有助于学生在未来人生道路上走得更远，也有助于促使学生形成对未来工作的职业自信，帮助其产生内生的脱贫致富动力。二是职业学校要以弘扬和践行社会主义核心价值观为前提组织开展主题征文、书画作品、摄影作品、经典诵读等系列活动，大力推介宣传贫困学生的优秀作品，不断提振贫困学生的自信，拔除贫困学生来自原生家庭的思想穷根，营造积极、乐观、向上的自主脱贫校园文化氛围，进一步激发贫困学生摆脱贫困的内生动力。

2.2.2 综合素质、潜质

经济社会的高速发展和生产技术的高速迭代，传统的终身职业观正快速地向现代就业观转变，对新技术和新职业的学习适应能力、技能迁移转换能力等可持续发展的综合素质正在成为高素质劳动者和技术技能人才的核心持续竞争力。比如加工制造类专业，传统的流水线工作逐步被工业机器人所替代，因此，职业学校加强学生的综合素质和潜质培育，可以降低学生的职业转换成本和职业风险，能够有效地帮助贫困学生就业脱贫，而且一定程度上可以有效地阻止其返贫。

职业学校要积极创设多元化、实践性的素质培育载体，激发学生的内生动力，围绕学生的人文素质、审美素质、科学素质和社会能力素质等广泛开展教育活动，开展第二课堂或兴趣小组、组建社团，教师引导，学生自我组织管理开展活动，从而锻炼学生的人际交往能力、沟通能力和管理能力等。通过开展田径运动会、趣味运动会、篮球赛、足球赛等体育竞技活动提高学生与人交流合作的能力，全面提升贫困学生的综合素质和潜质。

2.2.3 技术、技能

职业教育促进了贫困人口整体素质和可持续发展能力提升，带动其走上技能就业、技能增收之路，充分体现了职业教育既扶智又脱贫的现实作用。职业学校针对贫困学生或贫困群众开展职业教育与培训，通过教授知识、培养技术、锤炼技能等方式，赋予其就业技术技能或生产能力，进而促使受教育者"就业乐业""谋生存求发展"，增强贫困人口的自我造血功能，从而使其通过就业或创业实现脱贫致富。

针对全日制的学生，职业学校可以基于地方现代制造产业及服务产业市场的规模、劳动力需求层次、技术水平含量等具体特点，结合适龄青年的性格特征和发展需求，充分研究国家产业布局与发展的趋势，采用"输出型就业为主，当地就业或后期回乡创业为辅"的方式进行赋能，学生的就业薪资收入将成为稳定脱贫的经济来源，学生外出的眼界拓展、生活格局将为学生的增收致富增加优势。学校将专业人才培养目标与企业的岗位需求对接，将训练任务与企业岗位技能对接，将教学过程与生产过程对接，为学生设计目标明确、难度适宜、具有实用性和可操作性的学习任务，构建"基本技能＋专业技能＋岗位技能"的技能训练体系，提高学生技能训练的岗位针对性，缩短学生在企业的岗前培训时间，为学生的稳定脱贫和长期持续发展夯实基础。

对农村剩余劳动力等职业教育培训对象，职业学校可以基于地方主导产业发展的实际情况与培训对象的特点而确定赋能的内容，使更多掌握技术的人员可以在当地自由就业或创业。比如结合农业大县实情，职业学校可以围绕县域支柱产业发展需求，开设果蔬花卉、畜禽生产等专业，在农闲时节送教到村组社区，传技到果园菜棚，赋能于田间地头，培养一大批扎根当地、热爱技术、善于经营的新型职业农民，使其掌握一技之长、实现脱贫致富的梦想。

2.3 赋能的途径体系

针对不同的贫困群体、不同的职业教育和职业培训对象，为了高效达成提振脱贫信心、培养脱贫技能等赋能目标，职业学校要立足地区贫困实际，建构起"田·坊·堂"多要素的赋能途径体系，以实际行动回应职业教育扶贫脱贫不返贫的重大时代命题。

"田·坊·堂"是指西部地区县域职业教育"赋能扶贫"的三要素。田，指的是培养掌握现代农业技术、扎根田间的新型职业农民从而促进整体减贫的田头教育；坊，则为培养具有工匠精神和技术技能的现代技工而助力脱贫的工厂化岗位教育；堂，是通过实施学校系统的思想文化理论教育而使贫困生具备元认知能力的、能消解能力贫困素质的学校教育。"田·坊·堂"是赋能的途径，赋能是"田·坊·堂"的结果，脱贫是实现的目标，以跨课堂的三要素活动空间为实践基地和载体，在生产经营过程中开展职业教育、赋能教育和专业教学，促进学生和农民在实战中赋能、在共生中成长、在成长和赋能中实现脱贫致富。

2.3.1 田：田间地头的农民培训

"送教下乡，服务'三农'"是职业学校（县级职业教育中心）贯彻落实《国家中长期改革发展规划纲要（2010—2020）》提出的"职业教育要面向人人，面向社会"主要精神的具体措施，是落实《国家职业教育改革实施方案》提出的"大力发展农村和农业职业教育，造就数以亿计的有文化、懂技术、会经营的新型农民"战略目标的必由之路，是提高中国广大农民素质、促进教育公平、改变农民命运的伟大工程。

针对贫困农民和农村剩余劳动力，获得实用技能促进就业以解决生计问题，成为其脱贫的努力方向和现实途径。职业学校（县级职业教育中心）要立足其脱贫需求和现状特征，赋予其满足生产生活的职业技术技能培训，进而实现"就业一人，脱贫一家"的现实目的。

职业学校（县级职业教育中心）要主动打破传统办学模式，把办学重心下沉到广大农村，以一乡、一镇、一村为办学单位，打破学制和年龄限制，把学校办到农民的家门口，以送教下乡等形式开展田间地头农业技术现场培训，把学校的优质教育资源送到农业乡镇、送到农村农户、送到田间地头、送到果棚畜舍，把实践课放在田间地头、蔬菜大棚、牛圈畜栏，让想上学的农民有学上，让农民不离家门、不离土地、不误农时、不用花钱，就能系统学习现代农业技术，提高农民的生产技术水平、经营管理能力和思想道德素质，在家门口创业致富。

平凉理工中等专业学校（甘肃省泾川县职业教育中心）围绕当地产业发展战略，充分发挥专业资源优势，以农业技术人员、新型职业农民培育等为突破口，增设了果蔬花卉生产技术和畜禽生产及疾病防治两个涉农专业，引进和聘用涉农专业教师，利用农民的农闲时间，坚持送教到田间地头，传技到果园菜棚，极大程度发挥了职业教育中心服务"三农"功能，培养了一大批爱农业、懂技术、会经营的新型职业农民，帮助他们实现了脱贫致富的梦想，有效地助推了地方经济社会发展。

2.3.2 坊：校企共建的工坊化岗位教育

职业学校要全面推进专业设置与产业需求对接、课程内容与职业标准对接、教学过程与生产过程对接进程，积极培养适应产业发展和企业岗位标准的、具有工匠精神的现代技术技能人才。职业学校通过校企合作，深化工学结合，对接市场岗位需求，积极创设工厂化或模拟工厂化的职业岗位进行工坊化生产性实训，对于培养学生的专业知识水平、实际操作能力和职业素养等岗位综合能力十分重要。

校企共建的工坊化岗位教育对学生能力的培养和考核均是在真实的或高度模拟仿真的生产实践情境中进行的，其标准与现实岗位要求一致，呈现的是学生在学校习得的知识和技能与岗位实际需要的一致程度，为学生的就业适应能力和薪资快速提升夯实了基础。

平凉理工中等专业学校（甘肃省泾川县职业教育中心）按照"专业对口、薪资合理、工作适宜、注重发展"的就业安置原则，遴选"生产规模大、科技含量高、生活条件优、保障措施好"的企业，并与其建立了长期稳定的合作关系。具体措施如下：

一是按照"依据培养方案，满足教学需求，场地升级扩容，设备增量提质"的思路，学校与企业共同努力，多方筹措资金加大实训设备购置，创设与企业生产环境和岗位要求相对接的工坊化实训基地,使学生零距离接触企业生产环境,提升了人才培养的精准性。

二是学校与企业人员联合开发专业人才培养方案,明确了人才培养目标、专业技能方向、就业岗位标准等内容,将专业人才培养目标与企业的岗位需求相对接,将训练任务与企业岗位技能相对接,将教学过程与生产过程相对接,为学生设计了目标明确、难度适宜、具有实用性和可操作性的学习任务,构建了"基本技能+专业技能+岗位技能"的技能训练体系,提高了技能训练的岗位针对性。

三是学校与合作企业共同组建了由专业带头人、骨干教师、企业高技能人才、社会能工巧匠共同参与的工坊化岗位技能培训导师团队,以"师带徒"的形式培训学生技能。坚持每学期邀请合作企业高技能人才分批次来校对专业师生开展岗位技能培训,每年暑期选派专业教师赴企业轮岗实践锻炼。

四是对接工坊化的教学模式和评价模式。学校创新实施任务驱动的"做中学,做中教"的理实一体化教学模式,大力推行项目教学、案例教学、模拟教学和岗位教学,做到了虚实结合,提升了岗位技能培训成效。学校针对基本技能、专业技能和岗位技能训练制定了不同的评价标准,形成了自我评价、企业导师评价、学校评价和企业评价相结合的多元评价模式,培育学生的工匠精神,促进其岗位技能形成。

2.3.3 堂:学校课堂的综合性素质培养

学校教育拥有专门的教育者、教学设备,拥有专业的教育手段,有稳定的教育场所、稳定的教育秩序、系统的教育内容,既注重对学生知识体系的构建,又遵循学生的认知和成长规律。能消解能力贫困素质的学校课堂教育是职业教育为贫困学生赋能的主要途径之一。具体措施如下:

一是职业学校应加强思想政治素质和身心素质教育。职业学校肩负着培养建设中国特色社会主义高素质技术人才的重大使命，因此，职业学校应加强和改进思想政治教育工作，推进理想信念教育常态化、制度化，加强党史、新中国史、改革开放史、社会主义发展史教育和爱国主义、集体主义、社会主义教育，加强职业道德、职业素养、职业行为习惯培养，加强职业精神、工匠精神、劳模精神等专题教育，强化实践体验，不断提高职业学生的思想政治素质，坚定正确的理想信念。同时，良好的身心是适应现代社会激烈竞争的必备条件，职业学校应围绕学生的身体素质和心理素质广泛开展实践活动，寓教于乐，促进学生身心健康，和谐发展。通过高质量开好体育课、春季田径运动会、趣味运动会、秋季篮球赛、足球赛等体育竞赛活动，不断提高学生的身体素质，并通过心理教育、心理咨询等活动全面提升学生的心理素质。

二是在以"职业素养、专业知识、专业技能"的三维专业人才规格基础上，职业学校应改革重构以专业技能培养为主的课程体系，构建以学生综合职业素质培养为本位、项目（任务）课程为主体、专业实践教学为主要教学形式的理实一体化课程体系，形成"公共基础课＋专业基础课＋专业技能课＋拓展选修课"的四模块专业课程体系。通过改革、重构传统的学科化课程体系，以拓展选修课为主渠道，将职业核心素质有机融入专业课程体系中，强化职业核心素质的培养。如机电技术应用专业开设工业的二次创新、创新能力的迁移训练、技术的自我革命等拓展选修课；计算机平面设计专业开设平面广告设计展评、信息营销、职业能力训练等拓展选修课；高星级饭店运营与管理专业开设礼仪规范、职业团队合作、酒店服务英语等拓展选修课。

三是职业学校应构建"基本技能＋专业技能＋岗位技能"的技能训练体系，改革创新教学模式，彻底摒弃传统说教式的教学模式，坚持以学生为中心的设计理念，鼓励教师运用情境教学、头脑风暴、角色扮演等体验式教学模式，让学生参与进来，身临其境，提高技能训练的岗位针对性，在实践过程中不知不觉地形成职业核心素质；加强智慧云校园建设，搭建校园网络资源云平台，开放免费 Wi-Fi 新环境，搭建学生时时可学、处处可学的信息平台，让学生在远程云端随时随地获取知识、开阔视野，把教育教学信息化作为农村中职学生对城市中职学生的"直道跟车"甚至"弯道超车"的重要举措。在教室安装触摸教学一体机，创设信息化教学环境，引导教师正确处理信息化教学手段在教学过程中的辅助作用，鼓励教师积极搜集、制作多媒体教学资源，探索采用翻转课堂、慕课（MOOCS）、微课等，培养学生的数字应用和信息处理等职业核心素质。

四是职业学校应创新多元化、实践性培养载体，围绕学生的人文素质、审美素质、科学素质和社会能力素质广泛开展教育活动，开展第二课堂或兴趣小组、组建社团，教师引导，学生自我管理、自我组织、自我开展活动，锻炼学生的人际交往能力、沟通能力和管理能力等，促使学生文化品位、审美情趣和科学素养的不断提高，在课外活动中落实职业核心素质的培养。通过科技进校园、科技创新大赛等活动提升学生的解决问题、信息处理、自我学习、创新革新等职业核心素质；开展"3 个 100"（100 首名诗、100 首名曲、100 幅名画）进校园、经典诗文诵读、传统文化进校园、读书交流、英语演讲等活动，培养学生的与人交流、自我学习、外语应用等职业核心素质；组建 3D 打印、机器人、绿色使者、小小创客、颠覆使者、职业英语等社团，要求每名学生至少加入一个社团，并遴选有专业特长的教师作为全程辅导教师，综合培养学生的职业核心素质。

2.4 赋能的保障体系

2.4.1 政策支持

教育扶贫是我国扶贫开发总体战略的重要组成部分，抓好教育是扶贫开发的根本大计，是阻断贫困代际传递的关键举措。职业教育扶贫是教育扶贫的重要组成部分，在职业教育扶贫过程中，国家、省市县等各级党委政府、教育主管部门分别出台了一系列文件政策，为职业教育扶贫指明了方向。

改革开放40多年以来，我国职业教育扶贫政策一直处在发展升级的过程中，呈现出明显的阶段性特征。1984年7月，《关于帮助贫困地区尽快改变面貌的通知》明确要求增加智力投资，重视贫困地区的教育，重点发展农业职业教育，加快培养贫困地区开发所需要的各种人才。1987年10月，《关于加强贫困地区经济开发工作的通知》把经济开发作为解决中国贫困地区农民温饱问题、改变贫穷落后面貌的事业，要求"以在乡知识青年为重点""认真办好农村职业技术教育和成人教育，有计划地开展对农民的专业技术培训""尽快使每个贫困户有一个劳动力掌握一到两门实用技术"。在国家致力于改变贫困地区落后面貌和解决贫困问题的过程中，职业教育在技术技能人才培养培训、经济开发、脱贫致富中的作用得到了重视，从此奠定职业教育治理贫困的重要基调。

1988年5月，国家教委提出在全国推行"三教统筹""农科教结合"的农村教育改革试验。1991年10月，国务院发布了《关于大力发展职业技术教育的决定》，要求广大农村地区积极推进农村教育综合改革，重视并积极帮助老、少、边、山、穷地区发展职业教育。职业教育在贫困地区发挥脱贫致富的作用受到进一步重视，职业教育区域扶贫成为这一时期职业教育扶贫政策的鲜明特征。

1994年，《国家八七扶贫攻坚计划（1994—2000年）》要求教育部门要积极推进并加强贫困地区成人教育和职业教育的改革与发展，大力开展职业教育和技术技能培训，使大多数青壮年劳动力至少掌握一门实用技术。1996年5月，新中国成立以来第一部专门的职业教育法《中华人民共和国职业教育法》通过，规定国家要扶持少数民族地区、边远贫困地区职业教育的发展。

1998年2月，《关于加快中西部地区职业教育改革与发展的意见》强调，要加快西部地区、民族地区和边远贫困地区职业教育的改革与发展，探索符合中西部地区实际的职业教育模式。这一阶段，党和国家针对贫困地区的专项扶贫政策不断完善创新，开始实施有计划、有目标、有组织的扶贫方针，扶贫理念和扶贫行动有了重大的转变。

2001年6月，《中国农村扶贫开发纲要（2001—2010年）》启动贫困地区劳动力转移培训，通过各类职业学校和各种不同类型的短期培训，有针对性地开展农业实用技术培训、职业教育和创业培训，增强农民掌握实用技术的能力。2002年8月，《关于大力推进职业教育改革与发展的决定》要求，扶持农村地区、西部地区、少数民族地区和贫困地区职业教育的发展，加强东部和西部、城市和农村的职业学校对口支援工作。2005年10月，《关于大力发展职业教育的决定》提出，职业教育要为农村劳动力转移和社会主义新农村建设服务，要求加大中西部农村地区和少数民族地区的职业教育的支持力度，建立职业教育贫困家庭学生助学制度，积极开展城市对农村、东部对西部职业教育对口支援工作。2010年11月，《中等职业教育改革创新行动计划（2010—2012年）》指出要重点扶持农村、西部、少数民族地区中等职业教育的发展，通过加大扶持、多方投入、合作办学、对口支援等多种形式，促进区域职业教育的协同发展。这一时期，我国开展社会主义新农村建设，加快推进社会主义现代化，进入全面建设小康社会的发展阶段。

2011年12月，《中国农村扶贫开发纲要（2011—2020年）》出台，作为我国农村扶贫开发的重要指引性政策，其目标是2020年全面建成小康社会，消除绝对贫困。党的十八大以来，"精准扶贫"作为新时期我国扶贫开发工作的理论与实践创新，被纳入全面建成小康社会的战略布局。其中，"六个精准"为精准扶贫指明了方向，"五个一批"成为精准扶贫脱贫的基本方略，被写入《关于打赢脱贫攻坚战的决定》《"十三五"脱贫攻坚规划》中，是指导脱贫攻坚工作的行动指南和制定扶贫专项规划的重要依据。党的十九大把打赢脱贫攻坚战、区域协同发展、乡村振兴等列入国家战略。在此背景下，通过实行区域精准（连片特困地区、贫困县、贫困村）和个体精准相结合的方式推进扶贫工作。职业教育作为扶贫开发的重要组成部分，是实施精准扶贫的重要途径，通过扶智、扶志、扶技相结合，注重扶贫的可持续发展，能有效阻断贫困的代际传递。扶贫开发工作进入攻坚拔寨的冲刺期，职业教育在打赢脱贫攻坚战的地位更突出，作用更显著。

新时期的职业教育扶贫更注重发挥自身的特色优势，强调扶贫脱贫的精准度，继续大力扶持贫困地区职业教育的发展，更加强调职业教育扶贫的精准度，彰显其阻断贫困代际传递的贫困治理功能。2013年7月，《关于实施教育扶贫工程意见》强调要提高职业教育促进脱贫致富的能力。2014年5月，《建立精准扶贫工作机制实施方案》要求地方相关部门"提升贫困户新成长劳动力就业技能和创业能力，稳就业、拔穷根，阻断贫困代际传递"。同年6月，《关于加快发展现代职业教育的决定》要求加快发展民族地区的职业教育，加大对农村和贫困地区职业教育发展的支持力度。《现代职业教育体系建设规划（2014—2020年）》进一步重申，要充分发挥职业教育在扶贫开发中的重要作用，加大对贫困地区、革命老区、民族地区、边疆地区职业教育的扶持和支援力度，提升职业教育服务脱贫致富的能力，提高职业教育扶贫的精准度。2015年6月，《关于加强"雨露计划"支持农村贫困家庭新成长劳动力接受职业教育的意见》指出，把职业教育作为实现精准扶贫的一项硬任务，引导和支持贫困家庭劳动力接受职业教育，通过提素质、学技能，达到稳就业、增收入，从而实现脱贫致富，阻断贫困的代际传递。同年11月，《关于打赢脱贫攻坚战的决定》指出，重点支持革命老区、民族地区、边疆地区、连片特困地区发展符合自身实际需要的职业教育，加大职业技能培训工程的实施力度，着力提高培训的针对性和有效性，确保贫困家庭劳动力至少掌握一门致富技能，实现靠技能脱贫。2016年11月，《"十三五"脱贫攻坚规划》针对贫困家庭中有转移就业愿望劳动力、已转移就业劳动力、新成长劳动力的特点和就业需求，开展差异化技能培训，提高贫困家庭农民工职业技能培训精准度。同年12月，《教育脱贫攻坚"十三五"规划》指出，鼓励职业院校面向建档立卡等贫困家庭开展多种形式的职业教育和技术技能培训，全面提升贫困地区人口就业创业、脱贫致富能力，确保贫困家庭劳动力掌握实用技术技能。2017年1月，《国家教育事业发展"十三五"规划》强调，加大职业教育脱贫力度，突出精准扶贫，确保建档立卡的贫困家庭子女至少掌握一门实用技能，提升自我发展的"造血"能力。

随着国家政策的出台，甘肃省"1+17"、平凉市"2+19"精准扶贫精准脱贫方案及泾川县《关于精准扶贫工作的要求》等系列配套实施方案和文件也相继印发，形成了多级联动的政策支持体系，大力实施和推进了职业教育扶贫政策，为贫困地区、贫困人口提供了职业技能培训和职业教育，在消除绝对贫困、缩小相对贫困、消解能力贫困、消除文化贫困、阻断贫困代际传递等方面取得了显著成效。

2.4.2 组织管理

为了确保各级党委、政府发布的文件政策落实、保证教育扶贫工作的有效推进、最大限度发挥职业教育助推扶贫攻坚作用，职业学校应积极联系上级部门，加强组织管理，建立领导小组，明确工作职责、内容和要求，细化工作措施，推动工作落实。具体如下：

一是健全职业学校扶贫小组，组建以主要负责人为组长、分管负责人为副组长，各处室主任、副主任分工参与的学校扶贫小组，明确各方的工作具体职责，细化各方的具体措施，形成层层分工协作、层层压实责任、层层验收考核的校内扶贫管理制度。

二是形成职校全员参与的扶贫合力,加大招生宣传力度,精准识别招生对象的家庭状况,靶向定位,根据实际情况动员引导贫困学生报考职业学校,主动引导贫困学生接受职业教育;大力推行联系包抓制度,实行行政成员联系教学班、专任教师联系帮扶建档立卡贫困户学生的联动帮扶机制,建立贫困户学生"一生一规划"档案,坚持每学年开展全员家访活动,确保扶贫工作扎实推进。

三是落实国家的职业教育资助政策。为了不让一名学生因贫辍学,职业学校要严格落实中职学生国家助学金、免学费、"两后生"技能培训金等资助政策,并积极争取企业捐助,努力形成"政府免补为主,企业奖捐为辅"的贫困学生资助体系,让贫困家庭的孩子真正学得起技能,为贫困学生提供精准资助的兜底保障。

四是开展职业教育宣传周和校园开放日活动,每年至少开展一次以宣传党的惠农政策、职教政策、职教办学成果和调查访问退休教师、扶贫户、学生家长为主要内容的主题实践活动,大力宣传党和国家的职业教育扶贫惠农政策,提高贫困群众对职业教育的认可度,进一步激发贫困群众通过接受职业教育脱贫致富的内生动力。

2.4.3 师资队伍

教师队伍是发展职业教育的第一资源,是支撑新时代国家职业教育改革的关键力量。职业学校要把建设一支师德高尚、技艺精湛、专兼结合、充满活力的高素质"双师型"教师队伍作为提升职业教育质量和助推扶贫脱贫的基础性工作,作为职业教育赋能扶贫的重要资源。具体如下:

一是职业学校(县级职业教育中心)要高度重视专业教师的引进和培养,在引进具有企业实践经历的高校毕业生的基础上,加强学校岗位培养,将"双师型"教师个体成长和"双师型"教学团队建设相结合,采取"抓校本,走出去，请进来"的培养模式，采用专家培训引领、外出培训提升、企业岗位锻炼等方式落实教师5年一周期的全员轮训制度，切实提高教师的教育教学能力和专业实践能力。

二是优化专兼职教师队伍结构，完善兼职教师聘用制度，明确兼职教师聘用条件，依托职教集团、产教联盟、产教深度融合型企业，选聘企业能工巧匠进校开展教学实训指导和师资培训，选派专业带头人、骨干教师参与企业技术攻关、技术革新以及成果转化等工作，推动企业工程技术人员、高技能人才和职业学校教师双向流动，大力提升"双师型"教师队伍建设水平。

2.4.4 教学改革

教学改革直接影响着职业教育的质量，职业学校要不断创新教学组织方式、改革教学方法、创新运用教学手段，让学生更加高效地提高职业素质和职业技能，为助推贫困学生脱贫致富夯实技术技能基础。具体如下：

一是职业学校（县级职业教育中心）应主动作为，加强精细化管理，全员参与教学方式方法创新，研究制订教学管理细则，加强课堂教学管理，规范教学秩序；引导教师准确把握培养目标和培养规格，规范编写、严格执行教案，做好课程总体设计，做好教学组织实施。

二是着眼于学生个性化成才成长和职业教育技能形成规律，创新实施任务驱动的"做中学，做中教"的理实一体化教学模式，积极主动运用启发式、探究式、讨论式、参与式等教学方法，创新项目教学、案例教学、情景教学、工作过程导向教学、课堂现场双向教学等，提高课堂教学和技能培训成效。

三是针对基本技能、专业技能和岗位技能训练制订不同的评价标准，职业学校要形成自我评价、企业导师评价、学校评价和企业评价相结合的多元评价模式，落实"毕业证书+职业资格证书"的双证书制度，积极参与"1+X证书制度"试点工作，要求学生在校期间至少考取一个职业资格等级证书，毕业时取得毕业证书。

四是积极探索校企双元育人模式，大力开展现代学徒制，将课堂搬到工厂车间、田间地头等生产服务一线，鼓励能工巧匠教学现场传帮带，送教到村组社区，传技到工厂作坊，强化校企合作、工学结合协同育人。

五是广泛应用现代信息技术教学，主动利用大数据、人工智能、虚拟现实、模拟仿真等，开展空间教学、远程协作、实时互动、移动学习等信息化教学模式创新，提升教学效果，向贫困地区和贫困群众共享学校教学资源。

2.4.5 校企合作

职业教育以服务发展、促进就业为办学方向，因此职业学校要把市场当向导，大力促进学校和企业的合作，将工和学不断结合，持续强化课堂教学与岗位实践的对接融合，提高人才培养的企业契合度。具体如下：

一是职业学校应按照"专业对口、薪资合理、工作适宜、注重发展"的就业安置原则，遴选生产规模大、科技含量高、生活条件优、保障措施好的企业，双方建立长期稳定合作关系，设立以贫困学生为主的企业订单班，校企联合制订人才培养方案、开发教学资源、开展师资培训、建设实训基地、考评顶岗实习学生，实现校企双赢，协同育人。

二是职业学校应与贫困学生建立一对一、多对一等推荐就业的服务机制和实践实习、就业学生跟踪服务制度，为学生提供就业后的指导服务，确保学生长期就业和稳定脱贫。首先，建立实习管理制度。学生在企业实践实习期间，职业学校要选派工作认真负责、沟通协调能力强、管理经验丰富、专业教学能力高的教师进入企业跟踪管理，为学生提供心理疏导和技能指导，协调解决学生存在的困难，确保学生稳定实习。其次，建立定期回访制度。职业学校每年应对所有实践实习和毕业就业学生进行回访，了解学生的工作、生活等情况，调查学生的思想状况、工作环境、薪资待遇等，掌握与企业签订协议的执行情况，征求学生对工作生活、实习企业、实习管理的意见和建议，为学生的后续发展提供服务。最后，建立就业跟踪服务制度。职业学校要充分利用互联网技术（QQ、微信群等）长期跟踪关注贫困户学生就业后的表现，协助其分析职业发展的瓶颈，为其提供后续发展或创业指导。

三是针对县域支柱产业发展需求，职业学校要立足当地产业实际，与农业部门和农村产业合作社等开展合作，联合开展地方产业类专业培训，以贫困群众和农村剩余劳动力为主，招收年龄在45岁以下、具有初中以上学历、自愿接受职业技术教育的农民学员，送教到村组社区，传技到果园菜棚，培养一大批懂技术、会经营的新型职业农民，帮助他们掌握一技之长，实现脱贫致富的梦想。

2.4.6 资源平台

职业学校（县级职业教育中心）要充分发挥赋能脱贫的功能，真正赋予贫困群众解决生产技术实际问题之能、文化理论素养之能、竞争创新意识之能，构建政府、行业企业、学校等多方参与的共建共享资源平台。具体如下：

一是地方政府要牵头建立联席协调工作会议机制，以职业学校（县级职业教育中心）为核心，构建集人社培训、农机培训维修、妇联培训、林果培训等为一体的政府培训平台，变散为整，以贫困群众或农村剩余劳动力为主组建培训班，利用职业学校的优势教学资源进行社会化培训。

二是职业学校要按照"依据培养方案，满足培训需求，场地升级扩容，设备增量提质"的思路，多方筹措资金加大实训设备购置，建立校内外专业实训基地，努力以优良的实训设备条件高效支撑技能培训，提高技能培训的效果。

三是职业学校要积极建设"智慧校园"，实现校园内 Wi-Fi 全覆盖，建设集教材教辅、教具学具、课件和网站等多种介质立体化融合为一体的专业教学资源库，并面向贫困群众共享学习，构建时时可学、处处可学的线上学习环境。

四是职业学校（县级职业教育中心）要着力强化技能培训，紧盯扶贫项目，积极服务产业发展，充分发挥国家职业技能鉴定所的职能，把技能培训赋能提升为群众特别是贫困户脱贫致富的关键举措，积极开展专业技术人员继续教育培训、下岗职工再就业培训、家政服务员培训、特种行业作业人员培训等各类培训鉴定项目。

五是地方政府必须建立相关的经费保障机制，强化政府投入的长效机制，确保职业学校（县级职业教育中心）发展的基本条件，拓宽职业教育融资渠道，建立多元化的经费投资方式，科学投入资金，以确保职业教育扶贫的有效实施。

3. "田·坊·堂"赋能型职业教育脱贫实践

3.1 2010年前：整合资源，搭建平台

泾川县以学校教育的形式集中开展职业教育、学历教育助力扶贫攻坚的历史开始于1942年。当时，泾川县成立了第一所职业教育学校，取名为泾川高级农业学校，校名紧贴县域经济发展实际，充分体现了职业教育特色。在后续发展中，又在北塬荔堡镇成立了泾川县荔堡农业中学、南塬窑店镇成立了窑店镇农业中学，这样与川道片区的罗汉洞中学（含职业教育，也含义务教育初中阶段教育）形成了三足鼎立、服务泾川县全域的职业教育格局。1979年在县城泾灵路口附近成立了泾川县红专学校，专门开展义务教育师资培养工作（即后来的泾川县教师进修学校）。至此，泾川县的职业教育体系更加完善，涵盖了三个产业和成人学历提升教育。

为了进一步体现职业教育的特殊性和助力扶贫攻坚的重要性，1983年泾川县委、县人民政府将罗汉洞中学改名为泾川县农业职业中学。1996年泾川县农业职业中学迁至泾川县城泾灵路，更名为泾川县职业高级中学。随后泾川县荔堡农业中学和窑店镇农业中学也相继转型为独立初中。2003年，泾川县委、县政府立足县域教育改革发展实际，整合县域教育资源，将原泾川县职业高级中学、泾川县教师进修学校和电大泾川县工作站合并组建为泾川县

职业教育中心，同时将学校的功能定位为以中等职业技术教育为主，兼顾成人高等学历教育、社会培训和鉴定工作的办学思路，使学校开展社会服务和扶贫有了更加广阔的平台，为助力职业教育扶贫迈出了更加坚实的步伐。

《国务院关于大力发展职业教育的决定》（国发〔2005〕35号）指出，"把加快职业教育，特别是加快中等职业教育发展与繁荣经济、促进就业、消除贫困、维护稳定、建设先进文化紧密结合起来，增强紧迫感和使命感，采取强有力措施，大力推动职业教育快速健康发展。""要加强县级职教中心建设。继续实施县级职教中心专项建设计划，国家重点扶持建设1000个县级职教中心，使其成为人力资源开发、农村劳动力转移培训、技术培训与推广、扶贫开发和普及高中阶段教育的重要基地。各地区要安排资金改善县级职教中心办学条件。"

2006年，泾川县委、县人民政府在泾河北岸征地100亩实施泾川县职业教育中心迁建工程，2008年建成教学楼、餐饮中心、实训基地、1号学生公寓及其相关附属设施，学校遂迁至此。新校区的迁建，为进一步扩大办学规模，加快职业教育发展，提升办学质量水平，推进学校大力实施技能赋能、助力脱贫工作夯实了基础。同年，学校招生首次突破1000人，入校人数达到了1148人，在校学生数达到了2226人，开创了泾川县职业教育的新纪元，学校也于当年顺利通过甘肃省级重点中等职业学校评估验收，晋级省级重点中等职业学校行列。

当年，学校被确定为国家级数控专业实训基地建设项目单位。

2009年，学校派出8名学生首战全省中等职业学校学生技能大赛，3个专业5个赛项全部获奖，学校荣获计算机应用技术技能大赛团体三等奖，实现了开门红，学校的技能赋能成果得到充分展现。

3.2 2010—2014年:"田·坊·堂"多元扶贫模式

如果说新校区的建设搭建了学校扶贫的平台,那么学校办学品位的提升、内涵建设的强化则更加夯实了学校扶贫的基础。这一阶段,学校先后由省级重点中等专业学校晋升为国家级重点中等职业学校,由职业中等专业学校改制为普通中等专业学校,跻身国家中等职业教育改革发展示范学校项目建设行列,开启了职教扶贫的新里程碑。

3.2.1 办学品位全面提升,扶贫基础持续夯实

中共平凉市委、平凉市人民政府《关于大力发展职业教育的意见》(市委发〔2009〕20号)提出"泾川县职业教育中心要加快国家级重点学校创建步伐"。根据这一发展目标定位,学校领导班子及全体教职工积极发扬"敢于拼搏、敢于创新的闯劲;自强不息、永不满足的韧劲;艰苦奋斗、有所作为的干劲;敢为人先、不怕困难的拼劲"的泾川职教精神,一鼓作气,将泾川县职业教育中心的发展目标定位为晋级国家级重点中等职业学校和国家中等职业教育改革发展示范学校行列。2010年6月,学校被教育部、人力资源和社会保障部评为"全国中等职业学校德育工作先进集体"(见图3-1);2010年12月,学校顺利通过了国家级重点中等职业学校评估验收,2012年10月学校由职业中等专业学校改制为普通中等专业学校,同时更名为平凉理工中等专业学校。2012年9月被列为第三批国家中等职业教育改革发展示范学校项目建设单位,2013年4月全面开启项目建设工作。至

图3-1 "全国中等职业学校德育工作先进集体"奖状

此，泾川县职业教育中心的社会声誉进一步提高，社会认可度显著增强，为开启扶贫工作新纪元奠定了坚实基础。

2010年以来，伴随着学校办学质量、效益和社会认可度的显著提升，学校的招生工作连年向好，2010至2014年间招生均保持在1000人以上（其中2010年春秋两季合计招生2037人，2011年招生2523人，2012年招生1656人，2013年招生1773人，2014年招生1856人）。

3.2.2 立足田间教育，探索开展涉农扶贫

教育部职业教育与成人教育司2010年工作要点提出，"要加快农村职业教育改革，切实加强涉农专业建设。""要广泛开展农业生产技术培训和外出务工技能培训，努力培养有文化、懂技术、会经营的新型农民和技能型农民工。"

学校积极响应国家政策号召，在做大做强11个理工类专业的基础上，进一步创新办学模式，开展面向农村、面对农民的职业教育，在涉农专业建设上做出新的探索。学校紧盯绿色果蔬、畜牧养殖、地方工业、特色旅游、商贸物流，这泾川县深度开发的五大产业，结合本校农业类专业师资储备优势的校情实际，新开设果蔬花卉生产技术和畜禽生产及疾病防治两个新涉农专业，见图3-2，采取田间地头传授技能、课堂上集中讲授专

2010年涉农专业招生实施方案

一、招生计划
按县政府安排，为适应当前农村经济发展需要，提高农民文化素质和劳动技能，根据我校实际，现开设果蔬花卉生产技术等5个实用技术专业，计划招生1000人。

二、招生对象
农村初中以上学历中青年、村级干部。

三、专业设置、学制及课程开设
1、专业：果蔬花卉生产技术、畜禽生产及疾病防治、畜牧兽医、农村电气技术、农村经济综合管理。
2、学制：职业中专，三年。省教育厅网上注册，学习期满成绩合格，由省教育厅颁发审核验印的中等职业毕业证书，并可考取相关的技能等级证。
3、课程开设：
（1）果蔬花卉生产技术专业，主要开设：果蔬栽培、无公害果品生产、蔬菜栽培、有机蔬菜生产、花卉栽培、鲜切花生产、食用菌栽培、设施园艺、植物组织培养等课程。
可考取蔬菜园艺工、菌类园艺工、花卉园艺工、果园艺工、插花员等技能等级证。
（2）畜禽生产及疾病防治专业，主要开设：家畜养殖与繁殖、家禽养殖与繁殖、畜禽疾病防治、兽药与饲料营销、养殖场环境与控制等课程。

图3-2 《2010年涉农专业招生实施方案》部分内容

业理论知识等的教学形式（见图3-3），对志愿接受涉农职业技术教育的农民按教学大纲实施教学，使他们通过三年的学习实践，掌握经营农业产业的专业技能，掌握法律基础知识和基本的卫生与健康常识，了解新农村文化建设的新任务新要求，并获得中等职业学校的毕业证书和相应专业的技能等级证书，成为"技能＋学历"的建设社会主义新农村的新型职业农民。

图3-3 课堂上集中讲授专业理论知识

为了确保涉农专业建设组织到位、职责明确、实施有效，学校组建了由校长负总责、一名行政成员专管、全体班子成员分班负责、相关专业教师参与的涉农专业工作队伍，制订了《助农技术扶贫方案》、教学计划，分解了招生任务。全体工作人员利用寒暑假和双休日，分赴全县各个乡镇，进行招生宣传，调研产业布局，了解农民意愿，遴选设点村社。最后选定了一批经济比较发达、产业形成规模、乡村领导支持的村作为教学点。见图3-4。2010—2011学年度，在玉都镇、丰台乡、红河乡等9个乡镇的19个村，设置19个教学班，其中果蔬花卉生产技术专业班16个，畜禽生产及疫病防治专业班3个，招收了年龄在45岁以下、具有初中以上学历的农民学员1176人。2011—2012学年度在窑店、飞云、城关等8个乡镇的17个村设置教学班17个，招生1630人。涉农专业招生人数连年突破千人大关，且呈逐年增长趋势，为学校扩大办学规模注入了新的活力，为强化职教服务"三农"功能平添了新的元素，增强了泾川职教人面向农村、服务农民的信心和决心。

图 3-4 教学点

根据教学点分布零散、学员农活较忙、不便集中授课的实际，学校打破空间界限，走出校门，进入田间地头，办没有围墙的"大职教"。抽组本校专业教师，聘请县果业局、蔬菜办、畜牧局专家，利用农闲时间送教下乡，轮流授课，将村小学或村会议室作为讲授专业理论课和公共课的主阵地，在教学点的优质果园、蔬菜大棚、牛棚猪舍上产业技能实训课。

任课教师按照教学大纲要求，结合教学点产业优势确定教学重点，提前撰写教案，制作课件，持案授课。课堂教学环节齐全，教学方法灵活多样。有组织教学，清查到课人数；有课堂提问，启发学员思考质疑；有当堂训练，引导学员讨论交流；有技能实训，指导学员进行技能训练；有作业批阅，有小结考试，全面测试学员知识技能学习情况，并评定学业成绩。

学员们上理论课都能认真听讲，抄好笔记，做好作业。在实践课上，都能按专业教师指导步骤认真实训，遇疑难技术问题能及时向老师请教，考试时都能认真答卷。

由于班级组织管理到位，教师教学过程规范，学员学习环节落实，涉农专业教学取得了显著效果。每学期末的考试考查很少有不及格的学员，每个学员都学到了一定的相关专业新理论和经营产业的新技能，守法用法、文化自觉、文化自信意识进一步提高,社会公德、家庭美德、个人品德观念进一步增强。

为了解决涉农专业学员的经济困难,使他们"招得来、留得住、学得好",三年后顺利毕业,学校对每位学员免收学费,还免费发放所开专业的课本一套以及学习用具。其中 2010—2011 学年度全学年累计投入资金 38 万元。2011—2012 学年度投入资金 16 万元。截至目前,共投入资金超过 60 万元。

学校争取国家政策扶持、克服自身经费困难,对学员实行"四免"学习服务,解除了学员后顾之忧,把党和国家的扶持送到了学员的心窝里,把学校的关爱送到了学员的家门口,学员们感激之情油然而生,个个笑逐颜开。《未来导报》《甘肃日报》也进行了相关报道。见图 3-5。学员们纷纷表示,一定不辜负国家和学校的期望,认真学习,努力实践,力争按期圆满毕业,当一名合格的中职学生。

图 3-5 《未来导报》《甘肃日报》的相关报道

以送教下乡为教学方式的涉农专业教育教学，为广大农民学员送去了经营产业的新信息、新观念、新知识、新技能，送去了法律知识、惠农政策、文化理念，使学员的综合素质明显提升，经营产业的实践能力明显增强，涌现出了许多科技含量高、经济效益社会效益双丰收的先进典型，对加快涉农专业教学成果转化、加速果蔬畜牧产业规模发展和深度开发起到了很好的示范引领作用，初步显现了涉农职教的新成效。

3.2.3 价值引领，德育扶贫

2012年11月，中共十八大报告明确提出"三个倡导"，即"倡导富强、民主、文明、和谐，倡导自由、平等、公正、法治，倡导爱国、敬业、诚信、友善，积极培育社会主义核心价值观"。

2013年12月，中共中央办公厅印发《关于培育和践行社会主义核心价值观的意见》，指出"把培育和践行社会主义核心价值观融入国民教育全过程。培育和践行社会主义核心价值观要从小抓起、从学校抓起。坚持育人为本、德育为先，围绕立德树人的根本任务，把社会主义核心价值观纳入国民教育总体规划，贯穿于基础教育、高等教育、职业技术教育、成人教育各领域，落实到教育教学和管理服务各环节，覆盖到所有学校和受教育者，形成课堂教学、社会实践、校园文化多位一体的育人平台，不断完善中华优秀传统文化教育，形成爱学习、爱劳动、爱祖国活动的有效形式和长效机制，努力培养德智体美全面发展的社会主义建设者和接班人。"

从近年来学校招收的学生来看，他们大部分是中考落榜生。由于他们长期在学校得不到老师肯定和认可，有的甚至被尖子学生歧视，致使他们在德育方面的问题特别突出。他们有的产生自卑心理，对自己前途感到迷茫，自暴自弃；有的以自我为中心，放纵自我；有的以实用主义为价值观，自私自利，集体荣誉感、家庭责任感、社会责任感淡漠，组织纪律观念、团队精神不强，对父母依赖性较强，逆反心理较重，不愿意接受长辈和教师的劝导；有的学习目的不明确，学习态度不端正，上课经常迟到，在课堂自习课上说闲话、玩手机、看小说、打瞌睡等现象屡禁不止；有的在日常生活中抽烟、喝酒，说脏话、撒谎，厌学、逃学，谈恋爱，打架斗殴、小偷小摸，精神萎靡不振、沉迷网络、生活自由散漫、周末夜不归宿等现象时有发生，以上这些问题，对学校提高育人质量水平造成了严重的影响。

根据各级党委政府和教育主管部门关于严格贯彻落实社会主义核心价值观的政策要求及学校教育教学工作实际，学校按照"德育为先，育人为本"的教育策略，把党的教育方针和社会主义核心价值观教育融入学校教育全过程，以常规教育教学为主要形式，以实施"书香校园、科技校园、平安校园、快乐校园、艺术校园、魅力校园六园创建"德育特色校园文化活动为载体，建立健全的管理制度，强化队伍建设，不断改进德育模式，丰富德育内容，开展了系列有效的学习教育实践活动，努力培养学生积极的人生态度、健康的心理情感、高尚的道德品质，使广大师生将党的教育方针和社会主义核心价值观内化于心、外化于行。

（1）健全德育制度，增强育人机制

制定了《泾川县职业教育中心培育和践行党的教育方针、社会主义核心价值观活动方案》，修订完善了《泾川县职业教育中心教职工管理制度》和《泾川县职业教育中心德育管理制度》等系列管理制度，成立了以主要领导任组长、分管领导和政教处主任任副组长，班主任、科任教师、学生家长为成员的德育工作运行体系，使价值观的运行有制度保障。结合党的群众路线教育实践、"三严三实"和"两学一做"等系列学习教育内容，将党的教育方针政策、社会主义核心价值观以及学校教育教学管理制度纳入学习内容，制订了学习计划，落实了学习过程，强化了结果考核，使广大师生学习党的教育方针和社会主义核心价值观有了制度保障。在校园、教室、公寓楼等各个场所张贴《中等职业学校学生行为规范》《中学生守则》等宣传画,制作悬挂各类宣传标语300多幅,宣传展牌200多面,开通了学校网站,建立了微信平台和QQ群,全方位对师生进行社会主义核心价值观宣传教育,校园内形成了知荣辱、懂廉耻的核心价值观导向机制。

（2）健全德育队伍,打造育人团队

一是强化师资队伍作风建设。将师德师风教育和系列教育实践活动结合起来,并将师德考核纳入学年度综合考核结果。

二是强化师资素质培养。采取"抓校本、走出去、请进来"的培养方式,大力实施"一领（专家引领）三培（校培、省培、国培）三炼（岗位锻炼、下企业锻炼、跟踪服务锻炼）三评（学生评议、学校评聘、企业评价）"培养工程,提高了教师的政治素质和业务能力,培养了一支政治素质过硬、业务素质精良、综合能力强的教师队伍。

三是建立激励机制。本着鼓励先进、全面提高的目的,在综合考核、职称晋升、评优选模中加大师德考评比例,打破论资排辈和平均主义等不利因素,激发了教师工作的积极性和主动性。

（3）创新文化载体,增强育人效果

加强校园文化建设,倡导学生行为文明、活动文明,营造文明风气,用高雅的校园文化滋润学生的心灵,确保校园文化建设朝着科学、快乐、向上的目标健康发展,促进学生全面发展。多年来,学校坚持落实"修德、强能、健体、创业"的校训,实施"加强'六园'创建,彰显职教魅力"德育特色项目建设,全校上下精诚团结、更新观念,积极创新活动内容、形式和手段,大力开展一系列丰富多彩的活动,培养了学生自尊、自强、自信、乐群的良好品质。根据学生兴趣爱好和发展需要,学校精心组建了管乐队、合唱队等16个学生社团,建立了管乐训练室、跆拳道训练室等16个活动阵地,购置活动设施,配备指导教师,社团成员达到学生总数的33%。同时,各处室每学期精心制订行事历,保证双周大活动、单周小活动,活动内容涵盖安全教育、前途理想教育、道德讲堂、才艺表演(见图3-6)、体育竞赛、创新大赛、书香活动、技能竞赛等,学生参与度达到100%,达到了活动育人的良好效果。在教学活动中积极渗透我国传统文化和当代社会优秀成果,编制印发了《中华经典诗文诵读读本》和"3个100教材"(《100首经典古诗词》《100首经典歌曲》《100幅名画》),让学生深刻领悟中华民族自强不息的优秀品质;在德育课教学中,把时事政治和习近平总书记系列讲话引入课堂,把职业道德、职业精神、人文素养和健全人格教育融入了教育全过程,增强了教育的实效性,培育了良好学风。

图3-6 才艺表演

(4)优化育人环境,增强育人功能

校园环境包含一个学校的整体布局、校园绿化、校园美化等,是学校的显性文化,是校园文化建设的重要组成部分和必要支撑。一个布局合理、生机盎然、整洁优美、宁静有序、蓬勃向上、健康和谐的校园环境,对学生的健康成长和发展,必然产生潜移默化的熏陶和启迪。为此,学校多措并举、积极创设育人环境。

一是着力加强校园绿化美化及校园文化建设。在教学楼墙壁上悬挂党的教育方针、核心价值观、校训、校风、教风、学风等大幅标语，定期在滚动屏上显示党的教育方针和社会主义核心价值观基本内容，达到入目入心、潜移默化的育人效果。

二是多措并举宣传中华优秀传统文化。校园内公共区域、办公室、生活区等均悬挂了介绍名人事迹和优秀就业学生的宣传版面，让核心价值观成为校园德育主题文化。

三是让社会主义核心价值观进教室。各班不定期召开以社会主义核心价值观为主要内容的主题班会，学生们畅所欲言，在讨论中提升思想认识。对教室内的文化墙进行特色布置，把社会主义核心价值观的学习体会张贴到学习园地，为学生健康成长构建和谐的育人环境。

3.2.4 强化实训，技能扶贫

我们深知，在当今社会立足的根本是拥有一技之长。职业学校的学生大多数自由散漫，学习积极性和主动性不强，文化基础知识薄弱，但动手操作能力强，要使他们将来能在社会上立足，一定要强化他们的技能操作，提升他们的技能水平。为此，学校立足教育教学实际，坚持在强化实训教学上下功夫，在提升学生技能操作水平上找对策，不断创新教学模式，改革教学方法，特别是在专业课教学中以工学结合为平台，将专业实训课的课时量占比由以前的30%提高到60%，并确立了"教、学、训、考、鉴、赛"六环节一体化的人才培养模式，全面推行理实一体化教学模式和"做中教、做中学"的教学方式，积极探索项目教学法、案例教学法、模拟教学法等教学模式。认真落实"定标、实训、考核、鉴定、竞赛"系列实训教学管理措施，努力培养实训操作技能。通过坚持不懈的努力，学生技能鉴定合格率达到100%，毕业生"双证"率达到98%以上，参加县级以上各类学科、技能比赛成绩斐然,捷报频传。制冷与空调设备组装与调试项目连年位列全省第一名。2011—2014年学生参加各级技能大赛获奖情况统计表见表3-1。

表3-1 2011—2014年各级技能大赛获奖情况统计表

序号	时间	县(校)赛获奖	人数	市赛获奖人数		省赛获奖人数		国赛获奖人数	
1	2011年	—		一等奖	3	一等奖	—	一等奖	—
				二等奖	11	二等奖	3	二等奖	—
				三等奖	15	三等奖	2	三等奖	—
				优秀奖	19	优秀奖	8	优秀奖	5
2	2012年	—		一等奖	16	一等奖	6	一等奖	—
				二等奖	27	二等奖	7	二等奖	—
				三等奖	44	三等奖	4	三等奖	2
				优秀奖	—	优秀奖	3	优秀奖	—
3	2013年			一等奖	8	一等奖	2	一等奖	—
				二等奖	18	二等奖	5	二等奖	—
				三等奖	36	三等奖	—	三等奖	1
				优秀奖	55	优秀奖	1	优秀奖	3
4	2014年	一等奖	53	一等奖	1	一等奖	1	一等奖	—
		二等奖	110	二等奖	23	二等奖	2	二等奖	—
		三等奖	203	三等奖	36	三等奖	6	三等奖	—

3.2.5 社会服务持续推进,社会扶贫责任不断彰显

服务社会是职业学校的重要职责。平凉理工中等专业学校在抓实常规教育教学工作的同时,不忘服务社会职能,扎实开展社会培训、鉴定和技术咨询服务等工作,彰显了职业学校的担当。

2010年7月，学校在充分进行市场调研的基础上，成立泾川县职业中等专业学校家电维修服务部和泾川县职业中等专业学校农机具配件加工服务部两个校办企业。家电维修部注册资金5万元，机件加工部注册资金10万元。两个服务部各聘请学校相关专业带头人和1名教师任经理和技术总监，使用学校的实训工具及设备，面向社会开展技术咨询和服务工作。

3.3　2014—2018年："田·坊·堂"教学成效新突破

2014年3月，习近平总书记参加两会代表团审议时强调，要实施精准扶贫，瞄准扶贫对象，进行重点施策。

2015年，甘肃省委、省政府通过深化改革、顶层设计，制定出台了《关于扎实推进精准扶贫工作的意见》和17个专项配套实施方案，形成了"1+17"的精准扶贫工作方案。

2018年，平凉市人民政府制定了《甘肃省教育精准扶贫国家级示范区平凉先行先试实施方案》，将初中学校渗透职业技术教育、依托县（区）职教中心建设精准扶贫通用培训平台、依托职业院校开展教育精准扶贫订单培养等方面，作为推进教育精准扶贫先行先试工作的重点来抓。

平凉理工中等专业学校积极响应国家和上级部门的号召，借助创建国家中等职业教育改革发展示范学校的契机，紧盯精准扶贫、精准脱贫"一号工程"，围绕"订单培养一人、精准就业一人、精准脱贫一家"的目标，全面落实职业教育发展政策，以精准扶贫建档立卡户学生为主，组建精准扶贫精准脱贫订单班，通过精准宣传招生、精准设置专业，精准培训培养等措施，探索出了县级职业教育中心助推精准扶贫精准脱贫、阻断贫困代际传递的扶贫模式。

3.3.1 精准宣传招生

为了让贫困家庭的孩子都有人生出彩的机会，提高贫困人口对职业教育的认可度，学校加大招生宣传力度，精准识别贫困学生，主动引导贫困学生接受职业教育。一是每年5月至8月职业教育招生期间，学校选派教师进驻生源学校集中宣讲，进村入户宣传，与学生、初中班主任及学生家长面对面沟通交流，精准识别招生对象的家庭状况，靶向定位，根据实际情况动员引导贫困户学生报考职业学校，精准选择专业。二是新生入校后，通过召开家长会、开展"访贫问暖活动"等方式，再次精准掌握学生的家庭经济状况、劳动力状况、个人性格特点、兴趣爱好等信息，建立贫困学生信息库。近年来，学校招收的精准扶贫建档立卡户学生占到了入学人数的18%以上。

3.3.2 精准设置专业

学校着眼于服务学生就业和助推县域经济社会发展需求，围绕战略新兴产业、特色优势产业、富民多元产业、区域首位产业，积极落实"专业设置与产业需求对接，课程内容与职业标准对接，教学过程与生产过程对接，学历证书与职业证书对接，职业教育与终身学习对接"的五个对接，建立了专业设置与产业结构调整相适应的专业预警和专业动态调整机制，使专业设置与区域经济社会发展需求更加匹配，与扶贫开发目标更加适应。2014年以后新开设的专业见表3-2。在学校开设的专业中，焊接技术应用专业为省级中等职业学校重点专业，电子电器应用与维修、机电技术应用、数控技术应用专业为国家示范校项目重点支持建设专业，服装设计与工艺、数控技术应用专业为全省中职校第五届课程组牵头专业。电子电器应用与维修、机电技术应用、服装设计与工艺、高星级饭店运营与管理4个专业为全国首批现代学徒制试点专业。数控技术应用、机电技术应用专业为甘肃省职业教育骨干专业。

所有开设专业中,电子电器应用与维修、机电技术应用、焊接技术应用、计算机平面设计、服装设计与工艺、高星级饭店运营与管理、汽车运用与维修7个专业均与企业联合建立了精准扶贫精准脱贫订单班。

表 3-2　2014 年以后新开设的专业

序号	专业名称	开设时间
1	电子商务	2016 年
2	工业机器人技术应用	2018 年
3	软件与信息服务	2019 年
4	物联网技术应用	2019 年

3.3.3　精准遴选企业

学校按照"专业对口、薪资合理、工作适宜、注重发展"的就业安置原则,精准遴选"生产规模大、科技含量高、生活条件优、保障措施好"的企业,建立长期稳定合作关系,保障了学生的就业安置工作。学校先后与安靠封装测试(上海)有限公司等22家企业建立了合作办学关系,累计向企业输送就业学生6014人;与大金空调(上海)有限公司、浙江吉利汽车有限公司、宁波申洲针织集团有限公司、兰州宁卧庄宾馆4家优质企业组建了22个精准扶贫精准脱贫订单班,向企业培养和输送订单就业学生835人。2020年合作企业统计见表3-3。

表 3-3　2020 年合作企业统计表

序号	合作企业	合作专业
1	江苏瑞尔隆鼎实业有限公司	数控技术应用
2	江苏隆盛叶轮科技有限公司	数控技术应用

续表

序号	合作企业	合作专业
3	江苏远东重工有限公司	数控技术应用
4	宁波恒远制衣有限公司	服装设计与工艺
5	宁波赛尔富电子有限公司	电子电器应用与维修、计算机平面设计
6	上海天马微电子有限公司	计算机平面设计
7	余姚领克汽车部件有限公司	汽车运用与维修
8	上海联晟汽车配套服务有限公司	汽车运用与维修
9	中芯集成电路制造（绍兴）有限公司	工业机器人运行与维护
10	安靠封装测试（上海）有限公司	电子电器应用与维修、计算机平面设计
11	大金空调（上海）有限公司	电子电器应用与维修、计算机平面设计、机电技术应用、焊接技术应用
12	上海东富龙科技股份有限公司	机电技术应用
13	上海荷风细雨餐饮有限公司	高星级饭店运营与管理
14	苏州佳祺仕信息科技有限公司	工业机器人运行与维护
15	昆山立讯射频科技有限公司	工业机器人运行与维护
16	上海市松江区爱朗幼儿园	学前教育
17	上海市松江区永翔幼儿园	学前教育
18	上海市松江区海伦幼儿园	学前教育
19	浙江省杭州市富阳区天翌幼儿园	学前教育
20	浙江省杭州市富阳区富源幼儿园	学前教育
21	浙江省杭州市拱墅区爱丁堡幼儿园	学前教育
22	浙江省杭州市拱墅区海贝艺欣幼儿园	学前教育
23	浙江省杭州市拱墅区童心童趣亲子园	学前教育
24	浙江省杭州市余杭区东方爱婴亲子园	学前教育

续表

序号	合作企业	合作专业
25	浙江省杭州市余杭区育恩贝托幼园	学前教育
26	浙江省杭州市余杭区艾思语托幼园	学前教育
27	北京市昌平区睿佳幼儿园	学前教育
28	北京市大兴区德艺双馨双语幼儿园	学前教育
29	北京市海淀区快乐天使幼儿园	学前教育
30	北京市海淀区师德凯艺幼儿园	学前教育
31	北京市海淀区凯贝婴幼托园	学前教育
32	北京市顺义区艾德幼儿园	学前教育
33	北京市通州区四季悦城幼儿园	学前教育
34	北京市通州区于家务中心幼儿园	学前教育
35	北京市通州区大苹果幼儿园	学前教育
36	北京市通州区芙蓉双语幼儿园	学前教育
37	北京市通州区开心宝贝幼儿园	学前教育

3.3.4 精准提升素养

一是建立师徒结对帮扶制度。学校建立了精准扶贫建档立卡户学生个人成长档案，按照教师性别、年龄等差异化搭配，以"副班主任"的角色和身份精准帮扶每名贫困学生，定期排查掌握贫困学生的心理健康状况，问题情况及时由心理辅导教师进行干预，切实保障贫困学生的身心健康。

二是坚持核心价值体系引领。学校每年组织社会主义核心价值观主题征文、书画作品、摄影作品、经典诵读等系列活动，大力推介宣传贫困学生的优秀作品，不断提振贫困学生的自信，培养其健康向上的心智。近年来，贫困学生获得各级各类比赛奖励达 500 多人（次）。

三是坚持特色文化育人。学校将开展"书香校园""科技校园""平安校园""快乐校园""艺术校园""魅力校园"的"六园"创建工作，并将其作为特色校园文化育人的重要举措来抓，组建学生社团 14 个，编印了《中华经典诵读读本》和"3 个 100"系列丛书（《100 首名诗》《100 首名曲》《100 幅名画》），坚持每学年举办职教宣传周、校园文化艺术节、文明风采大赛等丰富多彩的读书、文体、科技活动 40 多场（次），贫困户学生参与率达到了 90%，提升了他们的职业综合素养。特色校园文化活动具体见表 3-4。

表 3-4 特色校园文化活动一览表

序号	项目	举办时间	参与人员
1	"学雷锋"主题实践活动	每年 3 月	全体学生
2	职教宣传周	每年 4—5 月	全体师生
3	校园文化艺术节	每年 5 月	全体师生
4	篮球运动会	每年 6 月	全体师生
5	"中国梦"主题活动	每年 7 月	全体师生
6	新生军训	每年 8 月	全体新生
7	开学典礼	每年 9 月	全体师生
8	田径运动会	每年 10 月	全体师生
9	科技创新大赛	每年 11 月	全体师生
10	专题教育报告会	每年 4 次	全体师生
11	德育、美育讲座	每年两次	全体师生
12	各类应急演练、讲座	每月 1 次	全体师生
13	其他特色文化活动	不定期举行	根据需要确定范围

3.3.5 精准培训技能

学校和订单合作企业建立了"联合制订人才培养方案、联合开展师资培训、联合开发教学资源、联合建设实训基地、联合考评订单学生"的协同育人机制,提高了精准扶贫的时效性。

(1)精准制订人才培养方案

学校与企业人员联合开发了各专业的人才培养方案,明确了订单培养目标、专业技能方向、就业岗位等内容,形成了"订单培养,工学结合,梯度发展,分层培训"专业人才培养模式。学校将专业人才培养目标与企业的岗位需求精准对接,将训练任务与企业岗位技能精准对接,将教学过程与生产过程精准对接,按照"调研职业标准和工作岗位—分析职业岗位能力—对应专业课程与岗位工作任务—确立典型工作任务—确定课程教学项目(任务)—行业、企业专家和职教专家评审论证课程编排体系及内容—编排课程内容"的操作步骤,为学生设计了目标明确、难度适宜、具有实用性和可操作性的学习任务,构建了"基本技能+专业技能+岗位技能"的技能训练体系,提高了技能训练的岗位针对性,缩短了订单学生在企业的岗前培训时间,实现了入厂即上岗的目标。

(2)精准配备师资队伍

学校组建了由专业带头人、骨干教师、企业高技能人才、社会能工巧匠共同参与的订单班技能培训导师团队,以"师带徒"的形式精准培训学生技能。坚持每学期邀请订单合作企业高技能人才分批次来校对订单班师生开展不少于1个月的岗位技能培训,每年暑期选派专业教师赴企业轮岗实践锻炼,提升订单班教师的专业技能。先后有86名专业教师在安靠封装测试(上海)有限公司、宁波申洲针织集团有限公司等企业进行岗位实践。

（3）精准改革教学模式

创新实施任务驱动的"做中学，做中教"的理实一体化教学模式，85%以上课程实现了项目教学、案例教学、模拟教学和岗位教学，做到了虚实结合，提高了技能培训成效。2015年至2018年，多名贫困户学生在国家、省市级技能大赛中获奖，4人（次）在全国技能大赛中荣获三等奖，见表3-5。《行歌》系列服装设计作品荣获2017年全国应用型人才综合技能大赛一等奖。

表3-5 2015—2018年各级技能大赛获奖情况统计表

序号	时间	县（校）赛获奖人数		市赛获奖人数		省赛获奖人数		国赛获奖人数	
1	2015年	一等奖	196	一等奖	28	一等奖	9	一等奖	—
		二等奖	303	二等奖	52	二等奖	18	二等奖	—
		三等奖	464	三等奖	55	三等奖	9	三等奖	1
2	2016年	一等奖	208	一等奖	54	一等奖	14	一等奖	—
		二等奖	338	二等奖	60	二等奖	13	二等奖	—
		三等奖	480	三等奖	66	三等奖	25	三等奖	1
3	2017年	一等奖	120	一等奖	27	一等奖	7	一等奖	—
		二等奖	199	二等奖	64	二等奖	17	二等奖	—
		三等奖	256	三等奖	102	三等奖	6	三等奖	1
4	2018年	一等奖	127	一等奖	49	一等奖	6	一等奖	—
		二等奖	206	二等奖	98	二等奖	10	二等奖	—
		三等奖	273	三等奖	152	三等奖	10	三等奖	1

（4）精准改革评价模式

学校针对基本技能、专业技能和岗位技能训练制订了不同的评价标准，形成了自我评价、师傅评价、学校评价和企业评价相结合的多元评价模式，落实了"毕业证书＋职业资格证书"的双证书制度，要求学生在校期间，至少考取一个工种的中级及以上职业资格技能等级证书，毕业时取得毕业证书。近年来，所有就业学生双证书获得率达到了95%以上，其中订单班学生的双证书获得率达到了100%。

（5）精准配置教学资源

学校按照"依据培养方案，满足培训需求，场地升级扩容，设备增量提质"的思路，多方筹措资金加大实训设备购置，努力以精准的实训设备条件支撑技能培训的精准度，现建有创客中心等59个高标准实训室，设备总价值3500多万元。目前已投入2000多万元建成了"智慧校园"，实现了1000M宽带接入，校园内Wi-Fi全覆盖，建成了教材教辅、教具学具、课件和网站等多种介质立体化融合的专业教学资源库。合作企业大金空调（上海）有限公司按照企业一比一标准为学校投资45万多元建成技能人才培养实训基地1个，浙江吉利汽车有限公司为学校捐赠了市场价值15.98万元的"博越"实训汽车1辆，使订单班学生零距离接触企业生产环境，提升了人才培养的精准性。

3.3.6 精准安置就业

学校始终坚持就业导向，全面分析不同家庭的贫困原因，了解贫困学生的在校学习情况，使订单班学生实现了精准就业。

（1）精准推荐就业岗位

依据校企联合评价结果，建立了"一对一""多对一"等精准推荐就业服务机制，提高了学生的就业稳定率和发展潜力。学校累计向联办企业安置学生6014人，专业对口率达到了98%以上，企业实践实习及就业稳定率达到了95%以上。大部分学生在企业发展情况良好，成为企业技术骨干及管理层人员，月收入平均达到了4500元。按照每名就业学生每年为家庭带回直接经济收入2万元计算，就业学生每年为全县带回直接经济收入达到2000多万元，有效助推了精准扶贫精准脱贫。

（2）精准开展创新创业教育

学校通过开展职业指导与创业教育、职业生涯规划、就业创业讲座、社团创新活动等，对学生进行创业意识教育和创新素质培养，为他们植入了"创新创业基因"，提高了学生的可迁移技能和职业核心竞争力，降低了学生可持续发展的职业转换成本，为将来的创业奠定了基础。

3.3.7 精准资助保障

为了不让一名学生因贫辍学，学校形成了"政府免补为主，企业奖捐为辅"的贫困学生资助体系，努力让贫困家庭的孩子真正学得起技能，为贫困学生提供精准资助的兜底保障。

（1）全面落实中职学生国家助学金、免学费等资助政策

2008年以来，所有农业户籍学生均开始享受中职学生国家助学金；2014年以来，所有中职学生均获得了中职学生免学费资金；2015年以来，精准扶贫建档立卡贫困户学生均获得了"雨露计划"项目资金；2019年以来，按照上级名额分配，优秀学生获得了国家中职学生奖学金。见表3-6。

表3-6 学生享受资助项目一览表

序号	项目	开始实施年份	受助对象
1	国家助学金	2008	所有农业户籍学生
2	免学费	2014	所有中职学生
3	"雨露计划"项目资金	2015	精准扶贫建档立卡贫困户学生
4	国家中职奖学金	2019	优秀学生

（2）全力争取合作企业捐助

合作企业大金空调（上海）有限公司、浙江吉利汽车有限公司、宁波申

洲针织集团有限公司免费为订单班贫困学生每人提供工服1套,累计发放奖学金、帮困金、奖教金及其他资助资金41.77万元。

3.3.8 精准跟踪服务

为了强化贫困学生的就业稳定性与持久性,实现"一人长期就业、全家稳定脱贫",学校建立了实践实习和就业学生跟踪服务制度,精准提供就业后的指导服务。

(1)建立实习管理制度

学生第三学年在企业实践实习期间,学校均选派工作认真负责、沟通协调能力强、管理经验丰富、专业教学能力高的教师进入企业跟踪管理3—6个月,为学生提供心理疏导和技能指导,协调解决学生存在的困难,减少了学生实习期间的各种困惑,确保了学生稳定实习。

(2)建立定期回访制度

每年对所有实践实习和毕业就业学生进行回访,了解学生的工作、生活等情况,调查学生的思想状况、工作环境、薪资待遇等,掌握与企业签订协议的执行情况,征求学生对工作生活、实习企业、实习管理的意见和建议,为学生的后续发展提供服务。

(3)建立就业跟踪服务制度

利用互联网技术(QQ、微信群等)长期跟踪关注贫困户学生就业后的表现,协助其分析职业发展的瓶颈,提供后续发展或创业指导。

经过跟踪服务,订单培养的学生就业稳定率高,后续发展情况良好,涌现出了许多优秀就业创业学生,如在大金空调(上海)有限公司就业的姚亮、浙江吉利汽车有限公司就业的常天云等24名学生已跻身企业管理岗位;巨亚军等6名学生自主创业,成为名副其实的老板,年收入最少的达到了15万元;乔伟等4名就业学生通过个人奋斗在就业城市购房成家。

3.3.9 精准搭建升学平台

为中职学生实现终身教育搭建了平台，拓宽了学校的招生渠道，有效提升了学校的办学层次。学校现为兰州资源环境职业技术学院、兰州石化职业技术学院和甘肃林业职业技术学院的优质生源基地。近年来，累计与兰州资源环境职业技术学院建立水利水电工程施工专业中高职一体化教学班3个培养134名学生，建立电子商务教学班1个培养53名学生。此外，鼓励学生通过参加对口升学等方式继续深造学习，先后有343名学生参加对口升学被省内外高等院校录取。

3.3.10 智慧校园建设成效显著

（1）大数据引用平台建成投用

学校将推进信息化建设作为提升教育教学质量的重要抓手，通过争取项目投资和学校自筹经费的方式，先后投资2000多万元实施了智慧校园建设工程。学校现有多媒体数字教室65个，拥有教学及办公使用计算机1000多台，接入了1000兆网络带宽，建有独立的门户网，建立了网络教学平台和行政管理平台，构建了校园大数据共享中心，校园内实现了无线网络全覆盖，使全体师生可以随时登录网络查阅资料，进行网上研讨，下载教学资源，实现了信息互通、资源共享。

（2）信息化教学能力显著提升

学校严格按照教育部关于《信息技术课程指导纲要》的要求，开足开齐信息技术课程，深入推进"互联网+教育"工程，通过外引内联方式加强教师运用信息技术能力培训，为全体师生建立了"人人通"教学空间，教学中引入了多媒体视频互动实训系统，运用信息化教学手段的课程比例达到了45%，师生通用信息能力、数字化培训学习能力和综合信息素养全面提高。

2018年，学校被中央电化教育馆授予"职业院校数字校园建设实验校"称号。

3.4 2018年至今："田·坊·堂"精准赋能成效初现

近年精准扶贫工作开展以来，学校全面落实《国家中长期教育改革发展规划纲要（2010—2020）》《国务院关于加快发展现代职业教育的决定》《甘肃省人民政府关于贯彻落实国务院加快发展现代职业教育决定的实施意见》、省教育厅等六部门印发的《现代职业教育体系建设规划（2014—2020年）》及市县职业教育工作会议精神，和中央、省市县脱贫攻坚安排部署，按照"依托项目夯基础，瞄准市场设专业，接轨企业搞教改，突出实训抓质量，扩大就业促效益"的办学思路，围绕"订单培养一人、精准就业一人、精准脱贫一家"的目标任务，充分发挥职业教育资源优势，不断强化机制保障，科学设置专业，深化产教融合，落实资助政策，以"田·坊·堂"形式等，开启多元扶贫模式，大力开展技能培训鉴定和送教下乡涉农服务，培养了一大批高素质技术技能型人才，为打赢脱贫攻坚战作出了积极贡献。

一是强化机制保障促脱贫。大力推行联系包抓制度，实行行政成员联系教学班、专任教师联系帮扶建档立卡贫困户学生的联动帮扶机制，建立贫困户学生"一生一规划"档案，坚持每学年开展一次全员家访活动，确保扶贫工作扎实推进。

二是精准设置专业促脱贫。学校着眼于服务学生就业和助推县域经济发展需求，按照"专业设置与产业需求对接、课程内容与职业标准对接、教学过程与生产过程对接、学历证书与职业证书对接、职业教育与终身学习对接"的要求，建立了专业设置与产业结构调整相适应的专业预警和专业动态调整机制，紧扣脱贫攻坚目标任务，围绕贫困户实际需求，开设了果蔬花卉生产技术和畜禽生产及疾病防治2个涉农专业。近年来，累计开展涉农教学班80

个，培训农民 5275 人，见图 3-7，为群众特别是贫困户发展果品产业和特色养殖产业提供了专业保障。

图 3-7　涉农教学班

三是加强队伍建设促脱贫。学校组建了由专业带头人、骨干教师、企业高技能人才、社会能工巧匠共同参与的订单班技能培训导师团队，以"师带徒"的形式精准培训学生技能。坚持每学期邀请订单合作企业高技能人才分批次来校对订单班师生开展不少于 1 个月的岗位技能培训，每年暑期选派专业教师赴企业轮岗实践锻炼，提升了订单班教师的专业技能。近年来，先后有 100 多名专业教师在大金空调（上海）有限公司、安靠封装测试（上海）有限公司、宁波申洲针织集团有限公司等企业进行岗位实践锻炼。

四是推行"订单式"培养促脱贫。为了实现"一人长期就业、全家稳定脱贫"的目标，学校切实加强校企合作，广泛开展"订单式"培养，着力保障贫困生就业，探索建立了"学校实地考察→确定安置企业→企业来校面试→护送学生进厂→签订用工合同→进厂跟踪管理→长期跟踪服务"的实习就业管理机制。特别是 2020 年疫情防控期间，积极与宁波申洲针织集团衔接，"点对点"输送 105 名学生到岗工作，切实降低了疫情对贫困户收入的影响，真正实现了"订单培养一人、精准就业一人、精准脱贫一家"的目标任务。

五是加大资助力度促脱贫。全面落实中等职业学校学生国家助学金、免学费等各类资助政策，着力减轻贫困家庭负担。2008年以来，所有农业户籍学生均享受了中职学生国家助学金；近年来，所有符合条件的学生均享受了免学费、"两后生"技能培训金、中等职业学校学生国家助学金、企业冠名订单班学生奖学金和帮困金等政策，有效防止贫困家庭因贫辍学、因学致贫等问题发生。

六是强化技能培训促脱贫。学校紧盯精准扶贫项目，积极服务产业发展，充分发挥平凉市第八国家职业技能鉴定所的职能，把技能培训提升作为群众特别是贫困户脱贫致富的关键举措，积极开展专业技术人员继续教育培训、下岗职工再就业培训、家政服务员培训、特种行业作业人员培训等各类培训鉴定项目。组建了电大在线成人教育学习培训平台，建立了涵盖数控技术应用等15个专业110多门课程的中职教学资源库。2013年至今，累计开展社会技能鉴定10场（次），鉴定5709人次。

七是开展送教服务促脱贫。严格落实中等职业学校学生资助政策，立足县域实际，面向"三农"，紧盯精准扶贫项目，积极服务产业发展，建立了涵盖数控技术应用等15个专业110多门课程的中职教学资源库，组建了舞蹈团、民乐团等社区学习教育社团和实用技术培训班，实行免收学费，免费发放教材，免费提供学习用具的"三免服务"，坚持送教到村组社区，传技到果园菜棚，帮助农民掌握经营农业产业的专业技能，掌握法律基础知识和农村卫生与健康常识，了解新农村文化建设的新任务新要求。

八是扩大影响模范脱贫。学校牵头组建了泾川理工职教集团，是甘肃机电等9个职教集团成员单位，是甘肃省中职校第五届数控技术应用等两个专业课程组组长单位，被兰州资源环境职业技术学院、兰州石化职业技术学院和甘肃林业职业技术学院确定为"优质生源基地"，先后荣获全国中职校德育工作先进集体等各类荣誉称号60余项。先后有20余所学校来校参观学习，办学事迹被《中国职业技术教育》杂志、《中国教育报》等各类媒体宣传报道300多条（次）。

3.5 精准赋能的脱贫实践成果、成效与反思

近年来，学校在助力脱贫攻坚行动中取得了一定成效，但是中等职业教育在助力决战决胜脱贫攻坚方面还面临巨大的挑战和困难。

一是农村地区对职业教育的认可度较低。受传统观念影响，农村地区对职业教育的认识偏差较大，职业教育变成次等教育，不被选择、不被认可，学生、家长、社会对中职教育的固有偏见和片面认识造成职业教育难以深入推广普及，部分高中阶段适龄学生不愿意接受中等职业教育，中等职业教育作为普及高中阶段教育的作用未能得到充分彰显，职教宣传还需进一步扩大。

二是依靠技能脱贫致富的观念有待转变。近几年，国家大力实施脱贫攻坚工程，但是还有部分贫困群众存在"等、靠、要"思想，导致自身"造血"功能欠缺，求新求变意识淡薄，缺少依靠技能致富脱贫的思想观念，将职业教育进村入社服务、宣传推广动员狭隘地理解为生源不足的注脚，宁可等政策救助，也不愿主动学技能，用一技之长改变贫穷落后的面貌。

三是培养新型职业农民的难度较大。近年来，务农成本大幅上升，农产品销路不畅，农民收益受阻，生产积极性严重受挫，好多农民深切感受到在家务农一年不如外出打工一月。因此，大部分农村青壮年劳动力都选择外出务工，致使职业教育在送教下乡开展涉农培训时招生难、组织难。

四是送教服务还需进一步加强。我校涉农专业送教下乡服务实行免收学费、免费发放教材、免费提供学习用具的"三免服务"。工作开展期间，学校自费购买了教学设施设备，给学员印发了各种宣传资料和图书刊物。日常下

乡所用车辆、人员均需学校自己统筹协调。此项工作所需经费逐年上升，后续工作开展所需经费缺乏项目支撑和政府统筹。

五是社会培训还需进一步扩展。目前县域内可开展社会培训的空间相对较大，但省级部门的大多数项目培训任务均由社会团体和民办培训机构等承担，公办职业学校承担较少，造成了公办学校师资、设备资源的浪费。

今后，学校将认真贯彻落实职业教育脱贫攻坚行动各项制度措施，进一步在强化技能培训和促进创业就业上下功夫、做功课，积极促进教育强民、技能富民、就业安民，为实现"人人有学上、个个有技能、家家有希望"的目标不懈努力，为打赢教育脱贫攻坚战提供坚强保障。具体做法如下：

一是建立长效机制。教育扶贫是拔除贫困的治本之策，我县虽已脱贫摘帽，但摘帽后的帮扶和监管应长期坚持，教育扶贫永远在路上，我们将继续建立长效机制，持续发力，全面助力脱贫攻坚。

二是提供制度保障。进一步深化产教融合，探索混合所有制办学，建立基于产权制度和利益共享机制的校企合作治理结构与运行机制，为企业参与职业学校人才培养提供制度保障，为学生的创业就业提供便利，帮助更多的家庭改善生产生活条件，加快脱贫致富速度。

三是加强政策倾斜。通过相关制度政策，确保建档立卡户中职学生在升学、就业和待遇等方面享受更多优惠政策，并通过制度实践使社会普遍形成普通高中教育和中等职业教育并无差别的观念，吸引更多的高中阶段适龄学生接受职业教育，掌握技术技能，增加就业机会，实现一人就业、全家脱贫。

四是弘扬工匠精神。发展壮大职业教育要从弘扬工匠精神开始。通过开展系列宣传活动，让爱岗敬业、勤勤恳恳、尽职尽责的大国工匠精神成为时代的风向标，吸引更多的农村劳动力特别是贫困人口主动接受职业教育，学习技术技能，改变贫困命运，使职业教育真正成为助推脱贫攻坚的加速器。

3.6 关于赋能型职业教育脱贫实践的发言、论文及方案等材料

3.6.1 在平凉市校企合作交流会议上的发言

创新校企合作机制　提高人才培养质量

平凉理工中等专业学校　赵博琼

（2015 年 4 月 27 日）

根据会议安排，现就平凉理工中等专业学校近年来开展校企合作办学有关情况作以简要汇报，如有不妥，敬请斧正。

平凉理工中等专业学校位于泾川县，是国家第三批中等职业教育改革发展示范校、全国首批现代学徒制试点中职学校、全国首批职业院校数字校园建设实验校。我们在校企合作方面的主要做法如下：

一、加强组织领导，靠实工作责任

学校成立了校企合作工作领导小组，明确岗位职责，细化个人分工，靠实工作责任。制定了《学生顶岗实习管理办法》《学生就业管理制度》《顶岗实习指导教师工作职责及考核办法》等 10 余类规章制度，使校企合作工作有了制度保障。

二、创新工作机制，实现信息互通

校企双方将建立良好的信息沟通机制作为推进校企深度合作的重要措施来抓，积极探索建立了"学校领导每年两次进企业回访顶岗实习学生、考察就业形势、掌握企业岗位需求，专业教师跟踪服务实习学生、进企业生产一线实践锻炼及企业高层每年两次进校了解教育教学需求、为学生集中授课、发放资助资金、招聘实习学生"的互走互访互通的合作机制，形成了校企双

方相互参与、相互支持、共同协商、共同发展的工作格局。

三、拓宽合作领域，推进深度合作

近年来，学校积极探索校企合作办学的新模式，实现了校企合作由最初的学校找企业到现在的学校选企业，由单纯的学校输送顶岗实习学生到现在校企开展的"8个联合"（即联合招生招工，联合制订人才培养方案，联合开展专业建设，联合开发课程体系，联合开展师资培训培养，联合实施教育教学，联合建设管理队伍，联合开展考核评价）。目前，学校与省内外22家企业建立了长期合作伙伴关系，基本实现了深度合作，校企双赢，协同育人。

（一）联合招生招工，制定人才培养方案

在每年招生之际，学校邀请联办企业委派优秀就业学生返乡，协助招生教师赴生源学校进行招生宣讲和信息咨询，实现了学校招生流程和企业用工流程的融合。为了保障学生稳定学业，联办企业在学校建立冠名班8个，免费为学生提供工服、奖学金、帮困金及奖教金。合作企业为学校制订的专业人才培养方案开辟了绿色通道，及时搭建调研平台，使各专业负责人能在第一时间深入企业进行专业调研。合作企业每年来校招工之际，均能与学校共同协商，帮助修订完善人才培养方案。学校制订的12个人才培养方案中，企业参与率达到了92%。

（二）联合建设专业，开发教学资源

我校各个专业均成立了由企业技术骨干参与的项目建设指导委员会，定期召开会议，介绍专业发展概况，了解存在问题，提出对策建议，形成了基于工作内容的专业课程和基于典型工作过程的专业课程体系，构建了"基本技能＋专业技能＋岗位技能"的现代学徒技能训练体系。企业人事部门负责人每学期来校走访之际，为学生讲授企业文化、企业岗位标准及要求。校企联合开发的《数控车削编程及应用》等7门校本教材在全市中等职业学校校本教材展评中荣获一等奖。由校企共同开发的课件制作工具 eCourseMaker（依靠斯迈克），便利了教师课件制作；开发的多媒体视频互动实训系统，有效解决了"一对多"实训教学过程不直观、不清晰的难题。

（三）联合建立实训基地，开展师资培训培养

各合作企业均十分重视学校实训基地建设及师资队伍的培养工作。大金空调（上海）有限公司按照企业内部一比一标准为学校投资建设技能人才培养实训基地及研发中心 1 个，投资实训设备总价值达 35 万元，创设了真实的实训及技能训练情境，使在校学生零距离接触了企业生产环境，实现了知识传授与生产实践的紧密衔接。安靠封装测试（上海）有限公司、宁波申洲针织集团有限公司等 18 个企业先后为 64 名教师提供了下车间实践操作锻炼的机会，使专业课教师在校开展常规教学之后，可以充分利用暑期深入企业生产线，与顶岗实习学生一起进行生产操作，进一步掌握了企业生产标准，受到了企业文化熏陶，提升了专业教学技能。同时，学校建立了企业兼职教师人才库，选聘 27 名企业能工巧匠进校开展教学实训指导和师资培训，形成了专兼结合、满足教学的师资队伍。

（四）保障学生实习就业，强化实习管理

学校按照"专业对口、薪资合理、岗位适宜、注重发展"的原则，筛选确定实习就业企业，探索出了"领导实地考察—确定安置企业—企业来校面试—护送学生进厂—签订用工合同—进厂跟踪管理—长期跟踪服务"的实习就业管理机制。建立了与现代学徒制相适应的教学管理制度，制订了以育人为目标的实习考核评价标准，形成了自我评价、师傅评价、学校评价和企业评价相结合的多元评价模式。近年来，学校累计向企业输送顶岗实习学生 7660 多人，学生的实习及就业稳定率达到了 90%，专业对口率达到 85% 以上。

我校在校企合作办学方面进行了一定的探索尝试，取得了一定的成绩，但与各位领导的期待和兄弟学校的做法相比，还存在一定的问题和不足。今

后，我们将按照现代学徒制试点工作的要求，进一步推进校企深度融合，谱写校企多形式、深层次合作的新篇章。

3.6.2 建立现代职业教育体系的汇报发言

健全职教体系　　发展现代职业教育

——泾川县职业教育中心发展现代职业教育汇报

泾川县职业教育中心　　赵博琼

（2016 年 12 月）

根据会议精神，现就泾川县职业教育中心在建立现代职业教育体系方面的主要工作进行简要汇报，不妥之处，敬请指正。

现代职业教育体系是指适应经济发展方式转变和产业结构升级调整要求、体现终身教育、中等和高等职业教育协调发展的理念，满足人民群众接受职业教育的需求，满足经济社会对技术技能人才需求的职业教育系统。具有适应需求、有机衔接的特点。

近年来，我校以构建现代职业教育体系、创办人民满意的职业学校为目标，以服务地方经济社会发展为宗旨，积极探索现代职业教育发展的新路子、在规模、质量、效益等方面都取得了长足的进步和发展。

一、健全管理制度，强化发展保障机制

学校坚持把健全管理制度、落实精细管理作为发展现代职业教育，提升教育质量的重要保障来抓，认真贯彻国家、省、市关于发展现代职业教育的文件精神，制定了《泾川县职业教育中心中长期发展规划》《泾川县职业教育中心教师五年培训计划》《泾川县职业教育中心"双师型"教师培养计划》等文件，修订完善各类制度 11 类 224 个，健全了精细化管理体系，全面落实

"处室工作责任目标管理、教职工职业道德、教育教学工作、招生就业、教辅后勤岗位目标管理、控辍保学和安全教育管理及应急处置"七项考核奖惩机制，制定了学校章程，牵头成立了泾川理工职教集团，建立了政府、学校、行业、企业、社区等共同参与的职业教育联席会议制度，明确了相关部门促进和保障职业教育发展的职能和责任，使发展现代职业教育有了制度保障。

二、落实5个对接，动态调整设置专业

着眼于服务学生就业和助推县域经济发展需求，积极落实"专业设置与产业需求对接，课程内容与职业标准对接，教学过程与生产过程对接，学历证书与职业证书对接，职业教育与终身学习对接"的5个对接，随着经济增长方式转变"动"，跟着产业结构调整升级"走"，围绕企业人才需求"转"，适应社会和市场需求"变"，建立了专业动态调整机制。目前，学校开设数控技术应用、机电技术应用、电子电器应用与维修、焊接技术应用、汽车运用与维修、服装设计与工艺、学前教育、高星级饭店运营与管理、计算机平面设计、水利水电工程施工、电子商务、果蔬花卉生产技术、畜禽生产及疾病防治13个专业。其中，焊接技术应用专业为省级重点专业，数控技术应用等3个专业为国家示范校项目重点支持建设专业，高星级饭店运营与管理等4个专业被确定为国家首批开展现代学徒制试点专业。

三、狠抓队伍建设，全面提升专业素质

全面落实《教育部关于"十二五"期间加强中等职业学校教师队伍建设的意见》，按照《中等职业学校教师专业标准》和示范校项目师资队伍建设要求，以"双师型"队伍建设为目标，采取"抓校本、走出去、请进来"的培养方式，大力实施"一领（专家引领）三培（校培、省培、国培）三炼（岗位锻炼、下企业锻炼、跟踪服务锻炼）三评（学生评议、学校评聘、企业评

价)"培养工程,实现了师资团队由专任教师到"双师型"教师、骨干教师、学科带头人的三梯度专业成长,有效提升了教师专业技能水平。近三年来,先后有400多人(次)参加赛(会)培训、下车间实践锻炼、示范校专题培训、管理知识培训等各级各类培训,培养省、市、县级学科带头人、骨干教师38名,"双师型"教师占专任专业教师总数的60%。教师队伍素质的显著提升,为加快发展现代职业教育、培养高素质劳动力提供了有力保障。

四、践行核心价值观,努力提升德育质量

认真落实《中等职业学校德育大纲》等系列德育法规政策,以"修德、强能、健体、创业"的校训为主线,制定了《泾川县职业教育中心德育工作五年规划》,把党的教育方针和社会主义核心价值观教育融入学校教育全过程。坚持文化引领发展,筹资60多万元对学校理念文化、视觉文化、环境文化、行为文化进行了重新设计。坚持以常规教育教学为主体,开展"平安校园、书香校园、科技校园、魅力校园、艺术校园、快乐校园"等系列有效创建活动,突出对学生的职业道德、职业精神、人文素养和健全人格的教育,培养学生积极的人生态度、健康的心理情感、高尚的道德品质,使广大师生将党的教育方针和社会主义核心价值观内化于心、外化于行,培养了德智体美全面发展的高素质技术技能型人才,学生的德育合格率达到了98%以上。

五、创新教学模式,不断提升教学质量

坚持以岗位需求为导向,以职业技能为核心,构建了公共类课程、专业基础课程和专业技能课程及选修课程四个模块的课程体系;设置了体现专业知识、专业技能和职业素养"三维"目标的课程教学标准;实现了课程标准与职业标准、岗位能力、等级证书、生产实际、技能大赛"六融通"。按照理实一体化教学模式要求,设置课程标准30个,开发专业核心课程10门,编

写一体化教材 24 种，其中公开出版 11 种，参与开发国家共建共享计划课程 26 门。以工学结合为平台，确立了"教、学、训、考、鉴、赛"六环节一体化的人才培养模式，积极推行理实一体化教学模式和"做中教，做中学"的教学方式，探索实施项目教学法、案例教学法、模拟教学法，提高了教学效益。先后有多名学生在县级以上各类学科、技能比赛中获奖。

六、深化校企合作，努力拓宽就业渠道

积极推进企业与职业院校深入对接，不断深化产教融合，实现了校企双向运作，为加快职业学校人才培养模式创新、教育教学质量提升夯实了基础。建成数控加工、电力拖动等 10 个校内实训基地，成立了机件加工服务部和家电维修服务部两个生产经营处。按照"专业对口、薪资合理、工作适宜、注重发展"的原则，与大金空调（上海）有限公司、上海鸭王餐饮集团有限公司、宁波申洲针织集团有限公司等 22 个企业签署了校企合作协议。与企业推行以联合制订人才培养方案、联合开发教学资源、联合开展师资培训、联合建设实训基地、联合考评顶岗实习学生为主要内容的校企"五联"措施，引入企业生产线 1 条，与企业共建研发中心 1 个。近五年来，累计安置就业学生 8448 名，就业率达到 97.4%，形成了多形式、多渠道、广覆盖的就业安置机制。落实就业学生驻厂跟踪服务机制，学生的就业稳定率达 90%。大部分学生在企业发展情况良好，成为企业技术骨干及管理层人员，也有一部分自行创业，成为名副其实的老板，实现了"招收一个学生，培养一个学生，就业一个学生，致富一个家庭"的培养目标。

七、中高职融通培养，搭建升学立交桥

学校响应全省中高职一体化办学的相关政策，实行中高职融通培养，为中职学生实现终身教育搭建了平台，也拓宽了学校的招生渠道，有效提升了办学层次。学校现为兰州资源环境职业技术学院、兰州石化职业技术学院和甘肃林业职业技术学院的优质生源基地。近年来，累计与兰州资源环境职业技术学院建立水利水电工程施工专业中高职一体化教学班3个，电子商务教学班1个。此外，鼓励学生通过参加对口升学等方式继续深造学习，先后有343名学生被省内外高等院校录取。

八、拓展数字平台，提升信息化水平

全面推进信息化工程，依托示范校数字化校园特色项目和智慧云校园项目建设工程，升级改造了门户网和教务管理平台，整合、优化了教育教学资源，建立了包含课程教学系统、办公OA系统等14个子系统的网络教学平台和行政管理平台，构建了完整的数据共享中心，开发的课件制作工具eCourseMaker便利了教师课件制作，解决了大批量网络课件资源建设的难题；开发的多媒体视频互动实训系统，有效解决了"一对多"实训教学过程不直观不清晰的难题。新建创客教室3个，配备高精度3D打印机、大型激光切割机、四轴飞行器及智能机器人10套，为培养创新创业人才奠定了良好的基础。学校现有多媒体教学资源库4.9T，多媒体教室60个，运用信息化教学手段的课程比例提升了25%。校园内全网覆盖，实现了教学信息互通、资源共享，促进了学校办公自动化、管理现代化、教学信息化。

九、紧盯精准扶贫，彰显职教发展职能

立足县域实际，面向"三农"，积极开展学历教育和短期培训，逐步形成了以中职教育为主体，以高等成人教育、各类实用技术培训为辅助的一体化办学格局。围绕全县支柱产业发展需求，先后在12个乡镇80个行政村开办果蔬花卉生产技术、畜禽生产及疾病防治涉农专业教学班，送教到村组社区，传技到果园菜棚，对农民免费进行产业技术和文化素质教学培训，增强了他

们脱贫致富的能力，累计培养涉农专业学员6227人。依托电大学习教育平台，积极开展成人本科专科学历教育，现有成人学员538人。充分发挥平凉市国家第八职业技能鉴定所的职能，利用县人社、教育、妇联、安监等部门搭建的平台，承担专业技术人员继续教育培训、下岗职工再就业培训、家政服务培训等各类培训鉴定项目，培训鉴定5000多人（次）。

十、强化宣传教育，精心打造发展品牌

将每年5月确定为职业教育活动月，采取开展主题征文、实训作品展示、文艺演出、开放校园、下乡巡回宣传等方式，大力宣传发展职业教育的重要意义，全县上下"崇尚一技之长、不唯学历凭能力"的观念深入人心，关心职教、支持职教、发展职教的良好氛围初步形成，学校的示范引领作用日趋凸显。近年来，学校先后荣获全国中职校德育工作先进集体、"甘肃省首届公众评选十大杰出职业院校"等各类荣誉称号50余项，涌现出全国职业教育先进个人1人，甘肃职业教育界十大杰出人物1人，有1100多人（次）在市级以上技能大赛中获奖，对口高考本科录取率连年高出甘肃省平均计划录取率3%以上。先后有20余所学校莅临我校参观学习，学校办学事迹被《中国职业技术教育》杂志、《中国教育报》等各类媒体宣传报道400多条（次）。

3.6.3 在全省中职学校职业核心素养校企合作研讨会上的发言

立足农村学生现状　培养职业核心素养

——在全省中职学校职业核心素养校企合作研讨会上的发言

平凉理工中等专业学校　赵博琼

（2017年11月）

根据会议主题，现就平凉理工中等专业学校培养学生职业核心素养的主要做法进行汇报，不妥之处，敬请批评指正。

平凉理工中等专业学校是甘肃省泾川县内唯一一所中等职业学校，是一所以中等职业技术教育为主体，集高等成人教育、专业技术人员继续教育、城镇下岗职工再就业培训和农村劳动力转移培训为一体的职业教育学校，是国家级重点中等职业学校，国家第三批中等职业教育改革发展示范校建设项目单位，全国首批现代学徒制试点中职校，全国首批职业院校数字校园建设实验校，设有平凉市第八国家职业技能鉴定所。

近年来，我校始终坚持以服务为宗旨，以就业为导向，认真贯彻落实党的教育方针，按照"依托项目夯基础，瞄准市场设专业，接轨企业搞教改，突出实训抓质量，扩大就业促效益"的办学思路，立足农村学生现状，不断深化内涵建设，注重培养学生的职业核心素养，取得了一定成绩。

一、转变教育理念，辩证认识"一专"与"多能"的关系

"中国制造 2025"和经济社会的发展进步使得生产技术日益革新，传统的终身职业观向现代就业观转变，对新技术和新职业的学习适应能力成为所有劳动者的能力核心。如加工制造类专业，以前的流水线工作逐步被自动控制技术、机器人所替代，如果我们仍然只重视专业实践技能培养，那么学生将面临"毕业即失业"的生存困境。我们认识到，加强职业核心素养培养，不仅可以降低学生可持续发展的职业转换成本，也可以降低未来的职业风险，以"不变"应"万变"，满足经济社会发展的需求。因此，我们及时转变教育理念，以辩证的思维正确认识"一专"与"多能"的关系，彻底摒弃以前只重视专业实践技能培养而忽视职业核心素养培养的不科学做法，加大了职业核心素养在中职学生培养中的比重。

二、重构课程体系，开设拓展选修课程

通过改革、重构传统的学科化课程体系，以拓展选修课为主渠道，将职业核心素养有机融入专业课程体系中，强化职业核心素养的培养。如机电技术应用专业开设的"工业的二次创新""创新能力的迁移训练"等拓展选修课；高星级饭店运营与管理专业开设的"礼仪规范""职业团队合作"等拓展选修课。各个专业的拓展选修课程模块主要以职业核心素养培养为主，将职业核心素养培养融入专业课程体系中，充分保障了各个专业的培养特色，有效解决了专业技能之外职业核心素养培养不足的问题。

三、创新培养载体，在实践中培养学生的职业核心素养

创新多元化、实践性培养载体，围绕学生的人文素质、审美素质、科学素质和社会能力素质广泛开展教育活动，开展第二课堂或兴趣小组、组建社团，让教师引导，学生自我管理、自我组织、自我开展活动，锻炼学生的人际交往能力、沟通能力和管理能力等，促进学生文化品位、审美情趣和科学素养的不断提高。通过开展春季田径运动会、趣味运动会、秋季篮球赛等体育竞赛活动提高学生与人交流和合作等职业核心素养；通过科技进校园、科技创新大赛等活动提升学生解决问题、信息处理、自我学习、创新革新等职业核心素养；开展"3个100"（100首名诗、100首名曲、100幅名画）进校园、经典诗文诵读、传统文化进校园等展览讲座、读书交流、英语演讲等活动，培养学生与人交流、自我学习、外语应用等职业核心素养；组建3D打印、机器人、绿色使者、小小创客、职业英语等社团，要求每名学生至少加入一个社团，并遴选有专业特长的教师作为全程辅导教师，指导开展社团活动，综合培养学生的职业核心素养。

四、构建多元考评机制,引领学生形成职业核心素养

构建以综合职业能力为核心的学生考评机制,改革评价内容、评价方法和评价主体。在评价体系中融入职业核心素养考核内容,设定最低拓展选修课程学分标准,在公共基础课程、专业基础课程和专业技能课程中增加教学过程中的团队合作、自我学习、语言表达、解决问题等能力考评,改革以"分数"或"专业技能"为衡量的单一标准,不再使用统一的评价模式和标准去考评学生的学习成果成效,让学生充分发挥特长、张扬个性,尊重并培养学生的创新精神,使其成为自主学习并具有创新能力的人。在评价内容上,兼顾专业技能和职业核心素养,从学生的思想品德、职业道德、知识技能、身心素质、团队合作、社会实践等方面综合考评学生;在评价方法上,建立了学习过程考评、现场考核评价、作品(成果)展示、社团活动组织等主客观相结合、定量与定性相融通的考评方法;在评价主体上,形成学生本人、教师、同学、家长、企业人员、第三方机构等多方参与的多元化考评机制。

五、加强教师培养,形成全员重视职业核心素养的氛围

建设一支重视职业核心素养,并掌握有效培养途径和方法的教师队伍,是培养学生职业核心素养的关键。具体来说,一是邀请中职教育领域专家学者、行业企业专家学者或产业转型升级相关研究专家来校对教师进行经济、社会、教育、产业等各个方面的分析讲解,使教师从思想上认清职业核心素养对学生可持续发展的重要性,形成全员重视职业核心素养、全校落实职业核心素养培养的良好氛围;二是对教师进行职业核心素养相关课程的集中培训,通过"走出去"和"引进来"相结合,遴选少数优秀教师赴省内外优秀的中等职业学校学习取经,邀请国内在中职学生职业核心素养培养方面具有研究或实践成效的专家学者或校长教师来校培训指导,使教师初步掌握职业核心素养培养的有效途径和方式方法，让教师在掌握一定成功经验的基础上自觉研究实践，总结提炼推广，形成符合农村中职学生实际的职业核心素养培养途径；三是将学生的职业核心素养培养成果纳入教师的绩效考核，鼓励教师实践和总结，遴选少数优秀教师开论坛、讲经验，并予以表彰，进一步营造重视学生职业核心素养培养的浓厚氛围。

六、建设校园文化，创设浸入式体验环境

建设凸显职业性和人文性的校园文化，以文化来感染人，以文化来教育人，让学生通过沉浸式体验，在潜移默化中实现职业核心素养的提升。引入专业内涵、工匠精神、企业文化、产业趋势等理念，与学校的文化相融合，形成融入农村中职学校特色、未来发展愿景、创新创业、共享环保等因素的中职校园文化，让学生沉浸其中，通过耳濡目染正向影响职业核心素养的形成。无论是教室、实训车间、餐厅、宿舍环境、校园走廊、校园文化墙，还是教师的行为准则、学生的日常规范等都融入职业核心素养元素，使学生在日常的学习、生活中不知不觉地形成职业核心素养。

3.6.4 在甘肃省教育精准扶贫国家级示范区平凉先行先试工作启动会议上的发言

深入开展送教下乡　全面助力扶贫攻坚

——在甘肃省教育精准扶贫国家级示范区平凉先行先试

工作启动会议上的发言

泾川县职业教育中心　赵博琼

（2018年3月5日）

根据会议安排，现就泾川县职业教育中心开展涉农专业"送教下乡，助力扶贫攻坚"的主要做法及成效进行汇报，不妥之处，敬请批评指正。

近年来，在各级党委、政府的坚强领导和教育行政主管部门的指导下，泾川县职业教育中心充分发挥职业教育在扶贫攻坚中的独特作用，紧盯精准扶贫、精准脱贫"一号工程"，不断优化专业设置，积极开展涉农专业"送教下乡、送技到家"，全力服务"三农"发展，培养了一大批懂技术、会经营的新型农民，为推动县域经济发展、助力乡村振兴战略提供了智力支持。《中国教育报》《未来导报》分别以《农村需求在哪，课堂就开到哪》和《致富课堂开进田间地头》为标题进行了专题报道。

一、盯住富县产业，增设培养农民新专业

学校着眼于助推县域经济发展需求，紧扣精准扶贫精准脱贫目标任务，围绕战略新兴产业、特色优势产业、富民多元产业、区域首位产业，积极落实"专业设置与产业需求对接，课程内容与职业标准对接，教学过程与生产过程对接，学历证书与职业证书对接，职业教育与终身学习对接"的五个对接，建立了专业动态调整机制。紧盯泾川县深度开发绿色果蔬、畜牧养殖、地方工业、特色旅游、商贸物流五大产业的机遇，结合本校农业类专业师资储备优势的校情实际，从2010年起，增设果蔬花卉生产技术和畜禽生产及疾病防治两个涉农专业，对志愿接受农业职业技术教育培训的农民按教学大纲实施教学，使他们接受正规的中等职业教育，并通过三年的学习实践，掌握经营农业产业的专业技能，掌握法律基础知识和基本的卫生与健康常识，了解新农村文化建设的新任务新要求，获得中等职业学校的毕业证书和相应专业的技能等级证书，成为"技能＋学历"的建设社会主义新农村的新型农民。

二、遴选产业强村，设点办班招收新学员

为了确保涉农专业教学组织到位、职责明确、实施有效，学校组建了由

中心主任负总责、一名行政成员专管、全体班子成员分班负责、相关专业教师参与的涉农专业工作队伍，制订了教学计划，分解了招生任务。全体工作人员利用寒暑假和双休日，分赴全县各个乡镇，进行招生宣传，调研产业布局，了解农民意愿，遴选设点村社，选定了一批经济比较发达、产业形成规模、农民热情高涨、乡村领导支持力度大的行政村作为教学点，招收年龄在45岁以下、具有初中以上学历的农民作为教育培训对象。涉农专业的招生为学校扩大办学规模注入了新的活力，为强化职教服务"三农"功能增添了新的元素，增强了泾川职教人面向农村、服务农民的信心和决心，使泾川县职业教育中心在服务全县"三农"发展方面迈出了实质性的步伐。

三、深入田间地头，传授经营产业新技能

根据教学点分布零散、学员农活较忙、不便集中授课的实际，学校打破空间界限，走出校门，办没有围墙的"大职教"。抽组本校专业教师，聘请县果业局、蔬菜办、畜牧局专家，利用农闲时间送教下乡，轮流授课。将村小学或村会议室作教室上专业理论课和公共课，在教学点的优质果园、蔬菜大棚、牛棚猪舍上产业技能实训课。任课教师按照教学大纲要求，结合教学点产业优势确定教学重点，提前写好教案，制好课件，持案授课。教学过程环节齐全，教学方法灵活多样，有组织教学，清点到课人数；有课堂提问，启发学员思考质疑；有当堂训练，引导学员讨论交流；有技能实训，指导学员进行技能训练；有作业批阅，有小结考试和成绩评定。由于班级组织管理到位，教师教学过程规范，学员学习环节落实，涉农专业教学取得了显著效果，参培学员都学到了一定的相关专业新理论和经营产业的新技能，他们守法用法、文化自觉、文化自信的意识进一步提高，社会公德、家庭美德、个人品德的观念进一步增强。

四、实行"三免"服务，力使涉农学员学习有保障

为了解决涉农专业学员的经济困难，把党和国家的扶持政策送到学员的心窝里，把学校的关爱送到学员的家门口，使他们"招得来、留得住、学得好"，学校积极争取国家政策扶持，克服自身经费困难，投入 70 多万元对学员实行免收学费、免费发放所开专业教材、免费提供学习用具的"三免服务"，解除了学员后顾之忧，使学员能静心学习、认真实践、按期圆满毕业、掌握一技之长，实现了脱贫致富和成为农民中专生的理想。

五、典型引领产业，彰显涉农职教新成效

2010 年开设涉农专业以来，学校已在全县 14 个乡（镇）86 个行政村设置 91 个教学班（其中果蔬花卉生产技术专业班 75 个，畜禽生产及疾病防治专业班 11 个），培训农民达 6829 名。大部分乡（镇）的果蔬产业和养殖产业规模逐渐扩大，特色明显，经济效益良好，已经成为带动全县经济社会发展的优势产业，涌现出了许多科技含量高、经济效益和社会效益双丰收的典型村和典型农户。泾川县玉都镇李胡村栽培苹果树 1000 亩，康家村栽培苹果树 1000 亩，果树产业显现出了规模经营的态势；泾川县王村镇向明村温棚种植蔬菜初具规模，每棚年收入 3 万多元；泾川县罗汉洞乡三山村党支部书记吕爱军经过培训学习，掌握了肉鸡饲养管理技术，养殖肉鸡 2000 多只，年收入 6 万多元，成为脱贫致富路上的"领头雁"。这些先进典型，对加快涉农专业教学成果转化、加速果蔬畜牧产业规模发展和深度开发，起到了很好的示范引领作用，显现了涉农职教的新成效。

今后，我们将根据《中共中央 国务院关于实施乡村振兴战略的意见》以及省、市关于大力培育新型职业农民的要求，进一步加强涉农专业师资队伍建设，进一步研究探讨涉农专业的教学重点、难点及解决方法，进一步了解

把握农民学员的所急所需所盼，努力提高涉农专业教学服务"三农"、培育新型人才的质量，为强化职教服务经济建设功能再作更大贡献。

3.6.5 在青海省职教论坛上的发言

青海经验交流

深化产教融合校企合作　服务地方经济社会发展

平凉理工中等专业学校　赵博琼

（2018年5月25日）

各位领导、各位教育同人：

大家下午好！下面，我就平凉理工中等专业学校关于"深化产教融合校企合作，服务地方经济社会发展"的做法进行汇报，如有不妥之处，敬请批评指正。

泾川县情介绍：泾川县位于甘肃东部、陕甘交界处，因地处泾河川腹地而得名。全县辖14个乡镇、1个经济开发区，215个行政村，总面积1409.3平方公里，总人口35.2万人，其中农业人口31.7万人。泾川县历史文化悠久，早在40万年前的旧石器时代，境内就有人类生息繁衍，建郡置县历时2100多年，拥有以西王母文化、佛教文化、生态文化为代表的特色地域文化。泾川县是农业部划定的全国优质苹果最佳适生区，是历史上西出长安通往西域的第一重镇，是西兰银三大中心城市交会处和陇东重要交通枢纽，是全国绿化造林百佳县、甘肃绿化第一县，素有"陇东粮仓"和"陇上小江南"的美称。

学校校情介绍：平凉理工中等专业学校（原泾川县职业教育中心）始建于1983年7月，位于甘肃省泾川县内，是国家级重点中等职业学校，第三批国家中等职业教育改革发展示范学校项目建设单位，国家首批现代学徒制试点单位，首批职业院校数字校园建设实验校，设有平凉市第八国家职业技能鉴定所，开设数控技术应用等13个专业。学校现有专职教师213人，在籍学生5309人。

近年来，平凉理工中等专业学校认真贯彻落实党的教育方针，立足国家六盘山集中连片特困地区和甘肃省扶贫重点县的农业大县实情，正确定位办学方向，积极参与构建现代职业教育体系。一方面，让学有余力的优秀中职学生参加对口升学考试继续深造。近年来，学校参加对口升学考试人数占到了学生人数的5.2%，先后有38名学生被西北师范大学、兰州理工大学等甘肃省内本科院校录取。另一方面，学校始终突出就业导向，围绕"订单培养一人、精准就业一人、致富一个家庭"的育人目标，深化产教融合校企合作，按照"依托项目夯基础，瞄准市场设专业，接轨企业搞教改，突出实训抓质量，扩大就业促效益"的办学思路，不断改革创新培养模式，持续深化教育教学改革，形成了"订单班"输出型就业安置和"涉农班"造血式送教下乡协同发展的办学格局，先后培养了13443名高素质技术技能型人才，为助力精准扶贫精准脱贫和地方经济社会发展提供了强有力的人才支撑。

一、精准定位市场需求，科学优化设置专业

学校着眼于服务学生就业和助推县域经济发展需求，不断深化供给侧改革，围绕战略新兴产业、特色优势产业、富民多元产业、区域首位产业，建立了专业设置与产业结构调整相适应的专业预警和专业动态调整机制，适时开设了果蔬花卉生产技术和畜禽生产及疾病防治两个涉农专业及电子商务、工业机器人运行与维护专业。

目前，在学校开设的13个专业中，焊接技术应用专业为甘肃省中等职业学校重点专业，电子电器应用与维修、机电技术应用、数控技术应用专业为国家中职示范校项目重点支持建设专业，服装设计与工艺、数控技术应用专业为甘肃省中职学校第五届课程组牵头专业。电子电器应用与维修、机电技术应用、服装设计与工艺、高星级饭店运营与管理四个专业为国家首批现代

学徒制试点牵头单位试点专业。其中电子电器应用与维修、机电技术应用、焊接技术应用、计算机平面设计、服装设计与工艺、高星级饭店运营与管理、汽车运用与维修7个专业分别与企业联合建立了精准扶贫精准脱贫订单班。

二、精准定位招生对象，宣传引导认同职教

为了让每个家庭的孩子都有人生出彩的机会，提高全社会对职业教育的认可度，学校加大宣传力度，精准识别招生对象，主动引导学生接受职业教育。一是每年5月至8月职业教育招生期间，学校选派教师进驻生源学校集中宣讲，进村入户宣传，与学生、家长、初中教师面对面沟通交流，精准识别招生对象的升学意向，靶向定位，根据实际情况动员引导学生报考职业学校。二是新生入校后，通过召开家长会、开展"访贫问暖活动"等方式，精准掌握学生的家庭经济状况、劳动力状况、个人性格特点、兴趣爱好等信息，建立学生个人电子档案，精准引导选择专业。

三、强化核心素养教育，精准提升综合素质

学校把强化学生的职业核心素养培育作为提升学生综合能力的首要任务来抓。

一是建立"师徒结对帮扶"制度。学校建立了学生个人成长档案，按照教师性别、年龄等差异化搭配，安排副班主任精准帮扶每名学生，定期排查掌握学生的心理健康状况，并由心理辅导教师进行干预，切实保障学生的身心健康成长。

二是强化学生的日常行为规范养成教育。学校把学生的日常行为规范养成教育作为素质教育的重要抓手，建立了"校级领导包级、处室领导包班、教师全员参与"的学生日常行为规范养成教育管理体系。

三是坚持核心价值体系引领。学校持续加强实践教育、体验教育、养成

教育，不断创新活动载体，组建传统武术、民乐、文学社等学生社团 24 个，每年组织开展社会主义核心价值观主题征文、书画摄影作品展、校园文化艺术节、文明风采大赛等读书、文体、科技系列活动 40 多场（次），学生参与率达到了 100%。

四、深化教育教学改革，精准提高学生技能

学校和订单合作企业建立了"联合开展师资培训、联合制订人才培养方案、联合开发教学资源、联合考评订单学生、联合建设实训基地"的"校企五联"协同育人机制。

一是加强师资素质培养，夯实人才培养基础。学校按照《中等职业学校教师专业标准》要求，以"双师型"队伍建设为目标，采取校本培训，送出去参加项目培训，下企业实践锻炼，观摩学习职教名校管理经验，邀请职教名家进校开展专题培训讲座，校内举办课堂大讲赛、专业技能大比武，实现了师资团队由专任教师到"双师型"教师、骨干教师、学科带头人的"三梯度"专业成长。坚持每学期邀请订单合作企业高技能人才分批次来校对订单班师生开展不少于 1 个月的岗位技能培训，每年暑期选派专业教师赴企业轮岗实践锻炼，提升了订单班教师的专业技能。近年来，先后有 86 名专业教师在大金空调（上海）有限公司、宁波申洲针织集团有限公司等企业进行岗位实践锻炼。

二是健全人才培养体系，深化教学模式改革。

学校以实施现代学徒制试点工作为抓手，以企业用人需求与岗位资格要求为标准，建立了"专业人才培养目标与企业岗位需求相对接、训练任务与企业岗位技能相对接、教学过程与生产过程相对接"的人才培养方案和"基本技能＋专业技能＋岗位技能"的现代学徒技能训练体系，提高了技能训练的岗位针对性，缩短了订单学生在企业的岗前培训时间，实现了入厂即上岗。

依托智慧云校园平台，创新实施任务驱动的"做中学，做中教"的理实一体化教学模式，85% 以上课程实现了项目教学、案例教学、模拟教学和岗位教学，做到了虚实结合，提高了技能培训成效。近年来，1100 多名学生在国家、省市级技能大赛中荣获奖项，4 人（次）在全国技能大赛中荣获奖项。《行歌》系列服装设计作品荣获 2017 年全国应用型人才综合技能大赛一等奖。

  学校针对基本技能、专业技能和岗位技能训练制定了不同的评价标准，形成了自我评价、师傅评价、学校评价和企业评价相结合的多元评价模式，落实了"毕业证书＋职业资格证书"的双证书制度，要求学生在校期间，至少考取一个工种的中级及以上职业资格技能等级证书，毕业前根据专业技能方向完成一件毕业创新设计作品，毕业时取得毕业证书。近年来，所有就业学生双证书获得率达到了 95% 以上，其中订单班学生的双证书获得率达到了 100%。

  三是完善基础设施建设，提升教学保障能力。学校按照"依据培养方案，满足培训需求，场地升级扩容，设备增量提质"的思路，多方筹措资金购置实训设备，满足了教育教学及社会培训鉴定需求。学校现建有 3D 打印等 59 个高标准实训室，2200 多个工位，设备总价值 3500 多万元。先后投入 2000 多万元建成了"智慧校园"，实现了 1000M 带宽光纤接入，校园内 Wi-Fi 全覆盖，建成了教材教辅、教具学具、课件和网站等多种介质立体化融合的专业教学资源库，师生可在校园内随时随地调阅学习。成立了机件加工服务部和家电维修服务部，每年对外开展技术咨询及服务项目 10 多个。合作企业大金空调（上海）有限公司按照企业一比一标准为学校投资 45 万多元建成了技能人才培养实训基地 1 个，浙江吉利汽车有限公司为学校捐赠了市场价值 15.98 万元的"博越"实训汽车 1 辆，使学生零距离接触企业生产环境，提高了人才培养的针对性和实效性。

五、精准遴选优质企业，推荐安置实习就业

  学校积极推行"校企合作、订单培养、工学结合"人才培养模式，按照

"专业对口、薪资合理、工作适宜、注重发展"的就业安置原则，精准遴选"生产规模大、科技含量高、生活条件优、保障措施好"的企业，建立了长期稳定的校企合作关系，基本形成了校企协同育人机制。从 2010 年开始，学校先后与安靠封装测试（上海）有限公司等 22 家企业建立了合作办学关系，累计向企业输送就业学生 6014 人；与大金空调（上海）有限公司、浙江吉利汽车有限公司、宁波申洲针织集团有限公司、兰州宁卧庄宾馆等 4 家优质企业组建了 22 个精准扶贫精准脱贫订单班，向企业培养和输送订单就业学生 835 人。合作企业大金空调（上海）有限公司、浙江吉利汽车有限公司、宁波申洲针织集团有限公司免费为订单班学生每人每年提供工服 1 套，累计发放奖学金、帮困金、奖教金及其他资助资金 41.77 万元。

依据校企联合评价结果，学校建立了一对一、多对一等精准推荐就业服务机制，提高了学生的就业稳定率和发展潜力。近年来，学校安置的就业学生专业对口率达到了 98% 以上，企业实践实习及就业稳定率达到了 95% 以上。大部分学生在企业发展情况良好，成为企业技术骨干及管理层人员，月收入平均达到了 4500 元。按照每名就业学生每年为家庭带回直接经济收入 2 万元计算，就业学生每年为泾川县带回直接经济收入达到 2000 多万元。

六、创新就业管理机制，精准跟踪服务指导

为了强化就业学生的稳定性，实现"一人长期就业、全家稳定脱贫"，学校建立了"领导实地考察—确定安置企业—企业来校面试—护送学生进厂—签订用工合同—进厂跟踪管理—长期跟踪服务"的实践实习和就业学生跟踪服务制度，精准提供就业后的指导服务。

一是建立实习管理制度。学生第三学年在企业实践实习期间，学校均选派工作认真负责、沟通协调能力强、管理经验丰富、专业教学能力高的教师进入企业跟踪管理 3—6 个月，为学生提供心理疏导和技能指导，协调解决学生存在的困难，减少学生实习期间的各种困惑，确保学生稳定实习。

二是建立定期回访制度。每年对所有实践实习和毕业就业学生进行回访，了解学生的工作、生活等情况，调查学生的思想状况、工作环境、薪资待遇等，掌握与企业签订协议的执行情况，征求学生对工作生活、实习企业、实习管理的意见和建议，为学生的后续发展提供服务。

三是建立就业跟踪服务制度。利用互联网技术（QQ、微信群等）长期跟踪关注学生就业后的表现，协助其分析职业发展的瓶颈，提供后续发展或创业指导。经过跟踪服务，订单培养的学生就业稳定率高，后续发展情况良好，涌现出了许多优秀就业创业学生，如在大金空调（上海）有限公司就业的姚亮、浙江吉利汽车有限公司就业的常天云等 24 名学生已跻身企业管理岗位，巨亚军等 6 名学生自主创业，成为名副其实的小老板，年收入最少的达到了 15 万元，乔伟等 4 名就业学生通过个人奋斗在就业城市购房成家。

七、开展精准送教下乡，培养新型职业农民

围绕泾川县支柱产业发展需求，学校增设了果蔬花卉生产技术和畜禽生产及疾病防治两个涉农专业，以精准扶贫村（户）为主，组建"涉农班"，开展"造血式"送教下乡，培养"学历+技能"的新型职业农民，助力乡村振兴发展。《中国教育报》《未来导报》分别以《农村需求在哪，课堂就开到哪》和《致富课堂开进田间地头》进行了专题报道。

学校先后在全县 14 个乡（镇）86 个行政村招收年龄在 50 岁以下、具有初中毕业以上文凭（或具有同等学力），自愿接受职业技术教育的农民学员 7429 人，送教到村组社区，传技到果园菜棚，培养了一大批懂技术、会经营的新型职业农民。

为了解决涉农专业学员的经济困难，学校多方筹措资金，先后投入 70 多万元对脱贫对象实行免收学费、免费发放专业教材、免费提供学习用具的

"三免服务",使他们能静心学习、认真实践。

根据教学点分布零散、学员农活较忙、不便集中授课的实际,学校打破空间界限,走出校门,办没有围墙的"大职教"。抽组本校专业教师,聘请县果业局、蔬菜办、畜牧局专家,利用农闲时间送教下乡,轮流授课。经过送教下乡,大部分贫困乡(镇)的果蔬产业和养殖产业规模逐渐扩大,特色明显,经济效益良好,已经成为带动地方经济社会发展的优势产业,涌现出了许多科技含量高、经济效益社会效益双丰收的典型村和典型农户,比如泾川县玉都镇李胡村、康家村等栽培苹果树1000亩,泾川县王村镇向明村种植温棚蔬菜,年收入每棚达3万元以上,有力助推了精准脱贫和乡村振兴。

职业教育发展任重而道远。今后,平凉理工中等专业学校全体教职员工将继续不忘职教初心,发挥职教优势,为助力精准扶贫精准脱贫阻断贫困代际传递,助推地方经济社会发展贡献职教力量。

谢谢大家!

3.6.6 农村中职学生职业核心能力培养的相关论文

农村中职学生职业核心能力培养的研究与实践

赵博琼

(泾川县职业教育中心,744300)

摘 要:职业核心能力具有普遍的适应性和广泛的可迁移性,对中职学生的可持续发展起着至关重要的作用。本文分析了当前农村中职学生职业核心能力培养的现状——基础薄弱、认识不足、途径单一、系统性不足等问题,提出了培养农村中职学生职业核心能力的对策,认为应该转变教育理念、加强系统设计、改革课程体系、创新教学模式、开展第二课堂、构建多元考评机制、加强师资队伍建设和校园文化建设,为系统地培养和提高农村中职学生的职业核心能力进行了有益的研究实践。

关键词：农村中职学生；职业核心能力；研究；实践

1. 引言

近年来，农村中职学校在人才培养模式、课程体系、教学模式、评价模式和教育教学管理等方面探索出了一条内涵式发展路径，取得了一定成效，但是，对于学生的职业核心能力培养方面，学校的重视程度和对策措施仍显不足，学生的职业核心能力相对较低，影响着学生的综合职业能力提升和可持续发展水平。

《国家技能振兴战略》中指出，"人的职业核心能力指从事任何工作岗位都离不开的能力，即除岗位专业能力之外的基本能力，是伴随人终身可持续发展的能力。职业核心能力又被称为8项核心能力，即与人交流、数字应用、信息处理、与人合作、解决问题、自我学习、创新革新、外语应用的能力。"职业核心能力具有普遍的适应性和广泛的可迁移性，是其他能力形成的手段和发挥作用的条件，对于中职学生的可持续发展起着至关重要的作用。

2. 农村中职学生职业核心能力培养现状

当前，农村中职学校教育教学仍然侧重于学生的文化基础教育和专业实践技能，对于学生的职业核心能力培养方面，仍存在一些问题。

2.1 职业核心能力培养基础薄弱

近年来，农村中等职业学校生源仍无力摆脱"普通高中落榜生"的现实困境，生源质量不够理想，学生文化基础薄弱，综合素质相对不高，职业核心能力培养出现了先天性不足，并带来了诸多并发症。如自主学习能力较差，薄弱的文化基础使得学习难度增大，学生们往往遇难而退，自信心缺乏，自我学习的主动性、积极性不高；合作能力较差，学生的个人本位思想突出，团队协作意识不强;"留守少年"较多,大部分学生自我封闭,人际交往能力较差;实践创新能力不足,缺乏对事物探究的好奇心和创新欲。

2.2 职业核心能力培养的认识不足

由于中职学生专业技能水平的可量化评价,主管部门的"对口就业率及初次的薪资水平"等考核指标导向和家长对学生的就业初期收入期望值过高等因素,导致农村中职学校管理者和教师普遍认为,学生的职业核心能力与任何一个具体行业、实际岗位无关,专业实践操作能力才是学生培养的重中之重,专业技能才是学生的立身之本。因而,对于培养学生的职业核心能力,农村中职学校教师还存在认识模糊不清、动力不足等问题。

2.3 职业核心能力培养途径单一

农村中职学生的职业核心能力主要以教学设计中的三维目标来体现,该目标渗透在每门课程的教学过程中,以每个实践项目(任务)为载体来落实,将课堂教学中的有效互动作为培养主要途径。但是相对专业实践技能,职业核心能力主要是一个人做事的基础能力,形成是潜移默化的,要通过多元化载体进行落实,单纯依靠课堂教学来培养,培养途径相对单一,培养效果相对较差。

2.4 职业核心能力培养系统性不足

农村中职学校非常重视职业核心能力培养,并在实践中不断改进。比如新生入学前的15天军训、各个专业实践操作见习活动、安全系列教育等,在校期间陆续开设的公共礼仪、传统国学、就业创业等拓展课程,邀请社会专家学者进校开展的各类职业能力讲座,拓展的第二课堂、社团活动以及各级各类比赛等,都对学生职业核心能力的培养发挥了作用,但是职业核心能力的形成不是简单的能力机械叠加或累积,而是相互联系、相互融通、相辅相成的综合能力。因此,农村中职学生的职业核心能力培养需要进行系统性的综合设计。

3. 农村中职学生职业核心能力培养对策

培养中职学生良好的职业核心能力，必须遵循中职学生的身心发展规律，循序渐进，在教育理念、课程体系、教学内容、教学模式、评价模式、师资队伍、环境文化等教育教学的各个方面渗透职业核心能力的培养。

3.1 转变教育理念

"中国制造 2025"和经济社会的发展进步使得生产技术、传统服务日益革新，更新换代加剧，传统的终身职业观向现代就业观转变，对新技术和新职业的学习适应能力成为所有劳动者的能力核心。比如加工制造类专业，以前的流水线工作逐步被自动控制技术、机器人所替代，如果我们仍然只重视专业实践技能培养，那么学生将面临"毕业即失业"的生存困境。农村中职教育工作者都要清醒地认识到，加强职业核心能力培养，不仅可以降低学生的职业转换成本，实现可持续发展，也可以降低未来的职业风险，以不变应万变，满足经济社会发展的需求。因此，我们应切实转变教育理念，以辩证的思维正确认识"一专"与"多能"的关系，彻底摒弃以前只重视专业实践技能而忽视职业核心能力培养的错误做法，真正确立职业核心能力在中职学生培养中的重要地位。

3.2 加强系统设计

职业核心能力是各种能力的综合，是一个相互联系、相互影响的有机整体，需要加强系统性设计，构建职业核心能力培养的立体化、开放式格局。一是把"与人交流、与人合作"的职业核心能力渗透到所有的教育教学过程中，如课堂教学的小组合作、社团活动等，使其在教育教学过程中潜移默化地逐步形成；二是对"数字应用、信息处理、外语应用"职业核心能力的培养，除课堂主阵地外，创设相关的活动载体，如组建"头脑风暴"大比拼、"搜搜"信息PK、小小英语角、英语故事情境再现等，让学生在闯关式的比赛氛围中提高数字应用和信息处理能力；三是对"解决问题、自我学习、创新革新"职业核心能力的培养，作为教师设计能力培养方案时，应该开拓思路、破解惯性局限，以开放式的理念设计培养载体，以"没有最好只有更好"的创新理念和"没有标准，你就是标准"的评判激励，来激发学生的自我发现问题、自我学习解决问题和创新革新的能力；四是职业核心能力的各个能力不是单一孤立的，只是作为培养者，我们应该寻求更适合某种能力形成的方式途径和培养载体，并在某种能力培养过程中充分融合其他能力，以期更系统化地培养和提升学生的职业核心能力。

3.3 改革课程体系

在"职业素养、专业知识、专业技能"的三维专业人才培养规格基础上，改革以专业技能培养为主的课程体系，构建以学生综合职业能力培养为本位、以项目（任务）课程为主体、以专业实践教学为主要教学形式的理实一体化课程体系，形成"公共基础课＋专业基础课＋专业技能课＋拓展选修课"的四模块专业课程体系。通过改革、重构传统的学科化课程体系，以拓展选修课为主渠道，将职业核心能力有机融入专业课程体系中，强化职业核心能力的培养。如机电技术应用专业开设的"工业的二次创新""创新能力的迁移训练""技术的自我革命"等拓展选修课；计算机平面设计专业开设的"平面广告设计展评""信息营销""职业能力训练"等拓展选修课；高星级饭店运营与管理专业开设的"礼仪规范""职业团队合作""酒店服务英语"等拓展选修课。各个专业的拓展选修课程模块主要以职业核心能力培养为主，将职业核心能力培养融入专业课程体系中，充分保障了各个专业的培养特色，有效解决了专业技能之外职业核心能力培养不足的问题。

3.4 创新教学模式

改革创新教学模式，彻底摒弃传统的说教式教学模式，坚持"以学生为中心"的设计理念，鼓励教师运用情境教学，头脑风暴、角色扮演等体验式教学模式，让学生参与进来，身临其境，在实践过程中不知不觉地逐渐形成职业核心能力；加强智慧云校园建设，搭建校园网络资源云平台，开放免费Wi-Fi新环境，搭建学生"时时可学、处处可学"的信息平台，让学生在远程云端随时随地获取知识、开阔视野，把教育教学信息化作为农村中职学生对城市中职学生"直道跟车"甚至"弯道超车"的重要举措。在教室安装触摸教学一体机，创设信息化教学环境，引导教师正确处理信息化教学手段在教学过程中的辅助作用，鼓励教师积极搜集、制作多媒体教学资源，探索采用翻转课堂、慕课（MOOCS）、微课等，培养学生的数字应用和信息处理等职业核心能力。

3.5 开展第二课堂

能力只有通过实践才能体现出来。创新多元化、实践性培养载体，围绕学生的人文素质、审美素质、科学素质和社会能力素质广泛开展教育活动，开展第二课堂或兴趣小组、组建社团，让教师引导，学生自我管理、自我组织、自我开展活动，锻炼学生的人际交往能力、沟通能力和管理能力等，促进学生文化品位、审美情趣和科学素养的不断提高，在课外活动中落实职业核心能力的培养。通过开展春季田径运动会、趣味运动会、秋季篮球赛、足球赛等体育竞技活动提高学生的与人交流和合作等职业核心能力；通过科技进校园、科技创新大赛等活动提升学生的解决问题、信息处理、自我学习、创新革新等职业核心能力；开展"3个100"（100首名诗、100首名曲、100幅名画）进校园、经典诗文诵读、传统文化进校园等展览讲座、读书交流、英语演讲等活动，培养学生的与人交流、自我学习、外语应用等职业核心能力；组建3D打印、机器人、绿色使者、小小创客、颠覆使者、职业英语等社团，要求每名学生至少加入一个社团，并遴选专业特长教师作为全程辅导教师，指导开展社团活动，综合培养学生的职业核心能力。

3.6 构建多元考评机制

全面落实学分制，构建以综合职业能力为核心的学生学分考评机制，改革评价内容、评价方法和评价主体，在评价体系中融入职业核心能力考核内容，设定最低的拓展选修课程学分标准，在公共基础课程、专业基础课程和专业技能课程中增加教学过程中的团队合作、自我学习、语言表达、解决问题等能力考评，改革以分数或专业技能为衡量的单一标准，不再使用统一的评价模式和标准去考评学生的学习成效，让学生充分发挥特长，张扬个性，尊重并培养学生的创新精神，使其成为自主学习并具有创新能力的人。在评价内容上，要兼顾专业技能和职业核心能力，从学生的思想道德、知识技能、身心素质、团队合作、社会实践等方面来考评学生；在评价方法上，建立学习过程考评、现场考核评价、作品（成果）展示、社团活动组织等主客观相结合、定量与定性相融通的考评方法；在评价主体上，形成同学、教师、家长、企业人员、第三方机构等多方参与的多元化考评机制。

3.7 加强教师队伍建设

培养一支重视职业核心能力、理解职业核心能力的重要性，并掌握有效培养途径和方法的教师是培养学生职业核心能力的关键。一是邀请中职教育领域专家学者、行业企业专家学者或产业转型升级相关研究专家来校对教师进行经济、社会、教育、产业等各个方面的分析讲解，使教师从思想上认清职业核心能力对学生可持续发展的重要性，形成全校重视职业核心能力、全校落实职业核心能力培养的良好氛围；二是对教师进行职业核心能力相关课程的集中培训，通过"走出去"和"引进来"相结合，遴选少数优秀教师赴省内外优秀的中等职业学校学习取经，邀请国内在中职学生职业核心能力培养方面具有研究或实践成效的专家学者或校长教师来校培训指导，使教师初步掌握职业核心能力培养的有效途径和方法，从而自觉研究实践、总结提炼推广，形成符合农村中职学生实际的职业核心能力培养途径；三是将学生的职业核心能力培养成果成效纳入教师的绩效考核，鼓励教师实践和总结，遴选优秀教师开论坛、讲经验，并予以表彰，进一步营造重视学生职业核心能力培养的浓厚氛围。

3.8 建设校园文化

建设凸显职业性和人文性的校园文化，以文化来感染人，以文化来教育人，让学生通过沉浸式体验，在潜移默化中获得职业核心能力的提升。引入专业内涵、工匠精神、企业文化、产业趋势等，与学校的文化相融合，形成融入农村中职学校特色、未来发展愿景、创新创业、共享环保等因素的中职校园文化，让学生沉浸其中，通过耳濡目染正向促进职业核心能力的形成。无论是餐厅、教室、实训车间、宿舍环境，还是教师的行为准则、学生的日常规范等都要融入职业核心能力元素，使学生在日常的学习、生活中不知不觉地形成职业核心能力。

4. 结语

适应生产、服务、管理等岗位的高素质劳动者和技能型人才，既要有公共基础文化素质和专业实践技能，又要具有适应产业转型升级换代的职业核心能力。加强对农村中职学生职业核心能力培养的研究与实践，切实提高学生的综合职业能力和自我革新学习能力，对于提高学生的就业竞争力、社会生存能力和可持续发展能力具有积极的现实意义。

3.6.7 中职生精准家访模式的理论与实践的相关论文

PDCA 循环理论指导下的中职生精准家访模式探索

脱素琴

（平凉理工中等专业学校，744300）

摘　要：家访是教育扶贫的途径之一，是教育精准扶贫工作的重要手段。PDCA 循环理论与精准扶贫工作机制结合，实施精准家访，是家访工作的模式创新,是提升家访实效性的有效措施,对于中职学校家访工作的制度建设和管理评估具有重要意义。

关键词:PDCA 循环理论;中职生;精准扶贫;家访模式

党的十九大报告指出,要"注重扶贫同扶志、扶智相结合",习近平总书记强调,"扶贫先扶智,扶贫必扶志","贫困地区、贫困群众首先要有'飞'的意识和'先飞'的行动。没有内在动力,仅靠外部帮扶,帮扶再多,你不愿意'飞',也不能从根本上解决问题"。在扶贫脱贫的过程中,"志"和"智"是内因、内力,只有真正激发贫困人口脱贫的内因、内力,才能造就脱贫致富的可持续发展能力,阻断贫困的代际传递。而阻断贫困代际传递,拔除"穷根"的最有效方法就是教育,通过思想教育提高认识,达到扶"志"之目的,通过知识与技能的学习,达到扶"智"之目的。家校联合共同育人,又是教育扶贫的有效途径之一。中职学生家庭情况较为复杂,深入了解学生的家庭结构、经济状况、家庭成员思想素养、贫困根源、脱贫措施、孩子在家表现等,就显得极为重要。因此针对具体对象进行精准家访,有利于精准了解学生的家庭成长环境,精准把握学生及家长的思想认识,帮助学生精准确立发展目标,进行生涯规划,提升学生乃至家长的思想认识,为脱贫致富提供理论指导。

一、关于精准扶贫与精准家访背景

精准扶贫是指针对不同贫困区域环境、不同贫困农户状况,运用科学有效程序对扶贫对象实施精确识别、精确帮扶、精确管理的治贫方式。

2015 年 6 月,习近平总书记到贵州省考察,强调要科学谋划好"十三五"时期扶贫开发工作,确保贫困人口到 2020 年如期脱贫,并提出扶贫开发"贵在精准,重在精准,成败之举在于精准"。实现全面脱贫目标,精准化理念是核心要义,分批分类理念是基础工具,精神脱贫理念是战略重点。攻克深度贫困堡垒，应从教育精准扶贫入手，着重在扶志与扶智、起点与过程、治标与治本、短效与长效四个结合上发力，确保完成"发展教育脱贫一批"的重要任务，助力深度贫困地区顺利脱贫。家访，是"家庭访问"的简称。主要由学校的教师和干部到学生家庭进行访问，一般是与家长沟通情况、交流感情、密切关系，商讨共同教育儿童、青少年的方式方法。

精准家访，笔者认为，即精准确定家访对象、精准规划家访方案、精准解决存在问题、精准实现教育目标。

二、关于 PDCA 循环理论

"PDCA 循环"是美国质量管理专家休·哈特博士首先提出的，由戴明采纳、宣传，获得普及，所以又称戴明环。全面质量管理的思想基础和方法依据就是"PDCA 循环"。"PDCA 循环"的含义是将质量管理分为四个阶段，即计划（plan）、执行（do）、检查（check）、处理（act）。在质量管理活动中，要求把各项工作按照作出计划、计划实施、检查实施效果，然后将成功的纳入标准，不成功的留待下一循环去解决。

三、PDCA 循环理论对中职生精准家访的指导作用

1. PDCA 循环理论指导精准家访的可行性

PDCA 循环是质量计划的制订和组织实现的过程，不停顿地周而复始地运转，达到以质量提高为目的的循环过程。PDCA 循环不仅在质量管理体系中运用，也适用于一切循序渐进的管理工作。"十年树木，百年树人"，学生教育，尤其是思想教育是一个需要不懈研磨的过程，要通过家访达成一定的目标也不可能一蹴而就，需要坚持不懈。

所以，家访工作与 PDCA 循环理论的有机结合是完全可行的，也是十分必要的。

2. PDCA 循环理论指导中职生的精准家访的重要性

家访是实现学校、学生、家庭、社会四位一体育人格局的有效途径，是中职学校精准扶贫的重要手段之一，是教育扶贫工作的进一步延伸。家访工作成功与否，直接影响到家校共建的育人效果，间接影响到中职学校精准扶贫工作执行力度。PDCA 循环理论指导下的精准家访，通过"计划（P）—执行（D）—检查（C）—处理（A）"的反复循环，能够有效克服家访的盲目性、随意性、不彻底性，避免虎头蛇尾、敷衍应付等，对于中职学校家访工作的制度建设和管理评估具有重要意义。

（1）PDCA 循环理论是循序渐进的动态管理，为中职生的精准家访工作提供理论支撑，是全面质量管理所应遵循的科学程序。活动的全部过程就是制订计划、组织实施、检查反馈和问题处理，并不断地循环运转。以走访学生家庭为代表的家访工作是一个动态循环的过程，在阶段分布、动态衔接等方面与 PDCA 循环理论存在天然的契合性。在精准扶贫背景下，为中职生的精准家访模式创新，提供了结合契机和理论支撑。有效助推中职学生精准家访工作的制度建设、管理模式和育人成效。

（2）PDCA 循环理论是有条不紊的工作模式，能够提升中职生精准家访工作的实效性。PDCA 循坏理论指导下的中职生家访工作，依据精准家访对象实际，制订计划（P）；执行（D）过程中有目的地实施计划；并在实施中检查（C），收集信息，总结、评估；处理（A）实施后获得成功的经验进行推广，反思存在的问题，在下一轮家访工作中，调整方法，继续寻求解决，从而有效提升中职生精准家访工作的实效性。

四、PDCA 循环理论指导中职生的精准家访模式探索

中职生中问题学生较多，贫困户学生也较多，家庭分布广、学生差异大，要精准识别脱贫困难户，精准进行教育帮扶，必须有一套系统的精准化家访

模式，确保家访工作的有序性和实效性。实践中探索出的"PDCA循环理论指导下的精准家访模式"：

1. 计划（P）阶段——前期准备，制订精准家访方案

（1）普遍调查，甄别分类

"没有调查就没有发言权。"目前，精准扶贫已进入攻坚克难阶段。中职生中的精准扶贫户有些已经脱贫，有些脱贫又面临返贫，有些有望脱贫，有些脱贫较为困难。学生数量远多于教师，加之时间、精力等各方面条件限制，教师不可能面面俱到，对每个扶贫户学生进行精准访问，所以调查了解必不可少。发放调查问卷，是快速全面了解情况的有效手段，通过对问卷的统计分析，再进行甄别、筛选、分类，进而根据省教育厅扶贫办提供的相关信息和学校已经建立的精准扶贫户学生档案，获得第一手的贫困生资料，初步确定精准家访对象。

（2）精准调查，确定对象

精准识别是精准扶贫工作的首要内容。在通过信息、材料获得的印象的基础上，对初步确定的研究对象通过个别谈心、与班主任和学生同伴交流以及对学生家长的电话访谈，填写谈话记录，进行初步精准识别，确定精准家访对象。

（3）确立目标，制订计划

针对精准家访对象的学习情况、个人素养、家庭状况等不同实际，根据甘肃省人民政府、教育厅有关文件精神及学校"精准扶贫"方案，有针对性、有目的性地拟订工作重心、工作思路，确立家访目标，制订家访计划。对不同对象的家访目标、家访方式、家访路线、被访对象的个人及家庭信息、在校期间的思想表现、取得的成绩等相关资料进行精准收集，明确阐述。同时对家访过程中面谈的技巧、礼节等，都作出明确的要求。做到目标精准，计划精细。

2.执行（D）阶段——执行计划，实施精准家访目标

（4）执行计划，实地家访

深入学生家中，实地考察、深入走访，直观、准确地达到再次精准识别的目的。家访过程中，通过"观、谈、询、查、访"，对受访学生家庭进行深入了解。"观"，观看家庭环境，住房情况、家具布置、墙面装饰、家人穿着、待人态度等，通过住房、穿着、家具等掌握家庭实际经济状况，通过墙面字画、待人礼仪等了解家人的素养；"谈"，与家长谈家访目的、学生的在校表现、国家资助政策、精准扶贫政策等；"询"，询问家庭经济收入来源、家庭成员、受助情况、困难情况、贫困原因、脱贫进展、孩子在家表现、对子女的期望以及对学校的期望等；"查"，征求家长意见，查看建档立卡证明、低保证等；"访"，访谈村干部、邻居、同村同学家长等，从旁侧了解学生的在家表现、家庭困难程度、贫困原因、受资助情况、家长和孩子的口碑以及家长的生活态度等。通过深入走访，了解和收集学生相关信息，并记录、整理，形成一份较为完整的精准扶贫户脱贫进展情况档案。

3.检查（C）阶段——对照目标，检查评估

检查阶段是维系执行和处理两个阶段的桥梁，是循环理论的过渡阶段，起着承上启下的作用，是不可或缺的部分。

（5）对照目标，自主检查

访问者结合家访对象实际，对照家访目标，自查工作开展情况，整理图片、音像等原始资料，将家访过程中收集到的信息，进行筛选、过滤、分析和处理之后，填写家访记录表，撰写家访报告。

（6）依据目标，检查评估

学校或家访活动组织者抽调成员组成评委会，依据家访目标，对照家访记录表和家访报告，访谈被访学生，检查评估家访活动目标达成情况，掌握家访质量。评选"家访之星"，奖励宣传。

4.处理（A）阶段——反省反思，调整方案

（7）查摆问题，反省反思

根据检查阶段提出的问题，家访者对照家访目标，反省工作中出现的失误和存在的不足之处，反思存在问题的原因，分析、整理，为下一步调整方案提供依据。

（8）有的放矢，调整方案

依据反思资料，对家访过程中掌握的学生学习困难、学生思想、价值观存在的偏差、脱贫困难，以及家长提出的建议等，分析问题成因，商讨解决问题策略，对症制订育人措施，调整家访策略，撰写精准家访整改方案，并着手新一轮的循环。同时对存在问题进行解决和整改，解决不了的问题进入新一轮的循环中继续解决和改善。将家访工作中的典型案例、好的做法和经验，取得的成绩，进行凝练，形成标准，将家访工作制度化。

五、PDCA循环理论指导下的中职生精准家访的创新特色

将实地家访与电子交互式家访相结合，创新多元化家访模式，充分利用电话、微信或QQ消息、语音、视频聊天等互联网手段，与学生和有条件的家长随时沟通，反复交流，形成实地家访与电子交互家访相结合、目标家访与拓展家访相结合的模式，构建学生、家长、学校、社会零距离、无障碍、随时交互的合作机制。

变"走过场无作为式"家访为"引导、帮扶式"家访。健全家访活动检查评价机制，有效防止"走过场无作为式"的家访，真正发挥家访的教育功能、帮扶作用，建立家校合作共同育人的长效机制，实现"三个一体化"，即宣传、引导一体化，扶贫、治愚一体化，培训、教育一体化。深入贯彻"精准扶贫、精准脱贫"基本方略和习近平总书记"扶贫先扶智"思想，围绕"立德树人"的根本任务，开展教育精准扶贫工作。在经济上，通过国家健全

的资助政策和资助体制，如国家奖助学金、"两免一补"等途径从经济层面持续帮扶贫困学子。在学业上，对学习困难的学生，班主任、科任教师、一对一精准帮扶老师作学习方向、生涯规划、价值观等方面的指导，引导同学之间结对子、组建学习小组，提供学习技巧、学习方式层面的指导等，进行持续帮扶，帮助他们解决学习、生活上的困难。在思想上，通过同家长拉家常适时自然地宣传"十九大"精神、振兴农村经济等相关政策，引导学生及家长消除贫困思想，提高思想认识，树立脱贫决心，落实立德树人的根本任务，丰富资助育人内涵。尝试与政府、乡镇扶贫办、村委会等联系，了解学生家庭情况，寻求社会、企业等的合作，提供假期打工的平台，为贫困家庭及学生推荐提供就业信息和就业岗位，多方面拓展扶贫的途径，实现家访活动由"输血"向"造血"功能的转变。

（3）变亡羊补牢式家访为防患于未然式家访。改变以往学生出现问题才被动问责式的家访为"主动送爱到家式"家访，将学校的关爱和温暖、先进的思想文化、教育的智慧送到家，家校随时沟通，防患于未然，实现促使学生可持续发展的精准家访目标。

精准家访，送爱到家
——浅谈精准扶贫背景下的精准家访策略

王 静

（平凉理工中等专业学校，744300）

摘 要：教育扶贫是精准扶贫背景下的一种重要的扶贫脱贫方式，也是阻断贫困代际传递、拔除"穷根"的最有效方法，其关键在于教育是"扶志"与"扶智"相结合的基本途径。在中职教育发展过程中，家访工作，尤其是精准家访，即精准确定家访对象，精准规划家访方案，精准解决存在问题，精准实现教育目标，更是将"扶智"与"扶志"相结合、打造家校共同育人、形成教育扶贫合力的有效途径。

关键词：精准家访；扶智；扶志

家庭是孩子的第一所学校，家长是孩子的第一任老师，影响孩子的成长最大的因素首先是家庭教育及家长，然后才是学校教育和老师。因此，家庭的环境、父母的素质、父母的教育态度和方法，直接影响着孩子的成长与发展。精准家访，就是针对精准确定的家访对象，通过实地走访、邀请家长来校访问、电话、微信或QQ等多种渠道、多种方式，了解学生的家庭状况、贫困根源，尽最大努力对家长给予思想上的扶贫，了解学生的家庭教育环境，了解其父母的教育态度和方法，对症下药，制订方案，靶向治疗，精准解决学生存在的问题，助推学生成长、发展，拔除"穷根"。

一、用爱心感染学生，感化家长，用情扶志，发挥家庭、家长在教育过程中的坚实后盾作用，为学生发展夯实基础

爱心是教师做好工作的基础。有教育家曾经说过："爱是教育的前提，没有爱就没有教育。"作为教师，只有热爱学生，特别是尊重、爱护、信任学生，使学生真正感到来自教师的温暖和呵护，教育才富有实效。当然与家长的沟通，更需要用爱心来打动家长，取得家长的信任和配合。学生武某是笔者所带班级的一名学生，聪明、反应快，勤快，劳动积极。但文化课基础弱，纪律散漫，不安心学习。为了弄清武某不安心学习的真正原因，笔者决定对其进行家访。与其母亲电话沟通好后，我第一次踏进武某的家门时，该生表现得极为不安、满脸愁云，和她母亲聊了一会家庭情况及孩子在家表现后，她母亲说我去隔壁叫她爸爸回来，孩子的事我做不了主，一会儿她母亲回来后说，老师，很抱歉，他正在打麻将叫不回来，我说，麻烦你等一会儿，

再去叫，就说老师不走，一定要等你回来。等了半个小时以上后，武某的父亲终于回到家，满脸不耐烦地叹气道："唉，老师，你来家访的目的，我猜得到，你也不用说了，我对我这个娃娃已经失望透了，能念就念，不能念就算了！反正又不好好学，白浪费钱！"笔者看了看他，缓缓地说，您有些太武断了吧，这孩子，关心班集体、乐于助人，虽然文化课不怎么样，但专业课学得相当不错，而且孩子非常聪明，只是孩子一直不安心学习，问起来也不说，我今天来就是想了解她不安心学习的原因，看您这样说她，我已经有些明白了。他诧异了好半天，满脸歉意地说，他没想到老师会这么评价他的孩子，他都习惯老师告状了，因为他知道孩子一贯纪律性较差，学习不好。随后笔者还跟他谈了孩子在校的点点滴滴好的表现，尤其是孩子专业学习能力强，有很好的发展空间，进而谈了职业教育的政策和发展趋势等，真诚地表达了笔者的意愿和对孩子浓浓的爱意，希望在孩子的教育问题上得到家长的配合和支持。后来，通过多次微信、电话联系，及时汇报孩子的在校表现及进步，不断提醒家长对孩子多鼓励，少批评，不断给孩子更多的支持。真诚拨云雾，爱心感化了家长，他说，老师，我从来都没有这样替孩子想过，除了打骂，恨铁不成钢，还是打骂。父亲对孩子态度的改变，极大地鼓舞了孩子，孩子后来说，其实她不好好学习的根本原因就是，父亲不看好她、不支持她，她觉得学不学无所谓。第二次到学生家时，该生已考入高考班学习，并且获得了市级专业技能大赛五项全能赛项一等奖，正在为冲刺省赛进行准备，她父亲一见到笔者就千恩万谢，满心的感激和欢喜，孩子说父亲也改掉了沉迷麻将的恶习。后来这孩子取得省级技能大赛五项全能第一的好成绩，被西北师范大学学前教育专业本科录取。

可见，只有改变学生出现问题才亡羊补牢式的家访，主动探究问题，真正送爱到家，才能感化家长，取得家长的信任和支持。

二、用耐心引导学生，开导家长，用心扶智，家校合作共同发掘孩子的潜能，帮助孩子重拾信心

耐心是打开智慧大门的钥匙，是穿破未知障碍的利箭，是通向成功彼岸的桥梁，是教师做好工作的保证。

王某，男，中考成绩仅 294 分，文化课基础差，自卑，性格腼腆，刚进校时，班级活动都藏在最后，是典型的自甘落伍的班级"尾巴"。第一次和家长联系，就能感受到其父亲对该生的殷切期望和无奈，家长希望孩子能考上大学，给家人争面子，圆一家人的梦，但孩子的学习成绩又非常不理想。在肯定家长对孩子的关注和期望的基础上，笔者汇报了孩子在校的种种表现，提醒家长要从孩子的实际情况出发，考大学固然好，但并不是唯一出路，还要结合孩子的基础和他的个性特点，选择最适合他的道路才是明智之举。这孩子虽然文化课基础弱，但动手能力强、肯吃苦。建议其父不要给孩子施加更多的压力，不要一味地逼孩子去上高考班，在不断的耐心开导下，孩子父亲转变观念，不再逼孩子，同时笔者不懈地帮助孩子，鼓励孩子，引导他发挥动手能力强的特点，从他比较喜欢的专业实践、实训开始，找突破，找信心。一年级第一学期末，专业课老师反映他的学习成绩不错。第二学期校级书法大赛软笔书法他获二等奖，校级技能大赛 PLC、机电设备的安装与调试两个赛项分别获得一等奖和三等奖的好成绩，拿到技能大赛奖证的那天他特别兴奋地跑到笔者办公室激动说："老师，我也能得奖了！"从小学到初中，总是挨批、奖证从没碰过的他，拿到奖证在他的学生生涯里真是浓墨重彩的一笔，激发了他更大的信心和成就感，家长也是满心欣慰，说这孩子好像换了个人一样，上学简直成了他最开心的事，做事也不再像以前畏畏缩缩了，毕业考试全班第 3 名。家长也尊重了孩子的意愿，同意他进企业顶岗实习，在企业里他由于勤奋肯吃苦，多次受到组长、车间主任的表扬，同时他通过网

络自学，获得了专业 CAD 制图的合格证，通过参加学习培训获得维修电工高级工证书。他在业余时间沉浸在对机器人的编程及维修学习当中，必须尽快拿到证——这是他对自己的承诺。现在他已报考并进入到西南交通大学的大专函授班学习。

可见，耐心说服家长，帮助学生，转变被动问责式的家访，真正站在学生的角度，帮助引导学生，做好家长工作，才能真正实现家校合作、共同育人的目的。

三、用诚心启发学生，启迪家长，用智治愚，切实解决实际问题，发挥教育在精准扶贫中的帮扶作用

我国古代哲学家、思想家庄子曾有言："真者精诚所至，不精不诚不能动人。故强哭者虽悲不哀，强怒者虽严不威，强亲者虽笑不和。"教育者要创造让自己感动的人，首先老师自身就不该是一个冷漠的人，对待每一位学生都该拿出百分之百的诚心，诚心是教师取得成功的关键。

学生张某祖孙三代遗传性糖尿病，是典型的因病致贫家庭，欠了许多外债，父母亲一年都舍不得添置一件衣服，家访时了解到他家的情况后，在征得家长同意的情况下，学校为其捐衣捐物，进行物质资助，笔者多次与其母亲谈心交流，了解到其母因多年工地重体力劳动身体每况愈下、有时胳膊肿得都抬不起来时，就劝她做家政服务。在她同意的情况下，在县城为她联系了相关工作。解决了她的烦忧，如她所说，不出去干活，全家男人都有病，债务累累；干吧，干一段就得住一段医院，这下做了家政相对轻松多了。张某妈妈及全家都非常感激学校。

学生王某的父亲因病去世，继父人很好，对王某很关心，但是王某就是不接受继父，思想偏激，经过不断地做孩子的思想工作，并为其继父出主意想办法，让他传递对孩子的关心爱护，与孩子有效沟通，通过多方努力——

老师的诚心帮助、继父的真诚爱心，终于打动了孩子，双方消除了芥蒂。

实践证明，家访工作只有深入学生家庭，精准研究学生，精准探讨问题，才能精准解决问题。奉献爱心，才能取得家长信任；秉持耐心，才能打开心结；拿出诚心，才能化解问题。只有扶智与扶志相结合，学校和家庭相互配合、相互促进，才能真正落实家校合作共同育人的教育初衷。

3.6.8　学校助力精准扶贫方案

深化改革提质量　脱贫攻坚显职能

一、实施背景

近年来，在各级党委、政府、教育主管部门的正确领导和社会各界的大力支持下，按照"依托项目夯基础，瞄准市场设专业，接轨企业搞教改，突出实训抓质量，扩大就业促效益"的办学思路，不断创新办学理念，持续深化教育教学改革，全力推进校企合作产教融合，学校在办学规模、质量、效益方面取得了显著的成绩，培养了一批高素质技术技能型人才，探索出了助力脱贫、阻断贫困代际传递的新模式。

二、工作过程及做法

（一）对标行业需求，深化教学改革，提升教育教学质量

（1）精准定位市场需求，科学优化设置专业。学校着眼于服务学生就业和助推县域经济发展需求，围绕战略新兴产业、特色优势产业、富民多元产业、区域首位产业，建立了专业设置与产业结构调整相适应的专业预警和专业动态调整机制。见图3-8、图3-9。2010年以来，学校先后新开设了果蔬花卉生产技术和畜禽生产及疾病防治2个涉农专业及电子商务专业，使专业设置与市场人才需求相匹配，与促进学生就业目标相适应。目前，学校开设的 13 个专业中，焊接技术应用专业为省级中等职业学校重点专业，电子电器应用与维修、机电技术应用、数控技术应用专业为国家示范校项目重点支持建设专业，服装设计与工艺、数控技术应用专业为全省中职校第五届课程组牵头专业。电子电器应用与维修、机电技术应用、服装设计与工艺、高星级饭店运营与管理四个专业为全国首批开展现代学徒制试点专业。

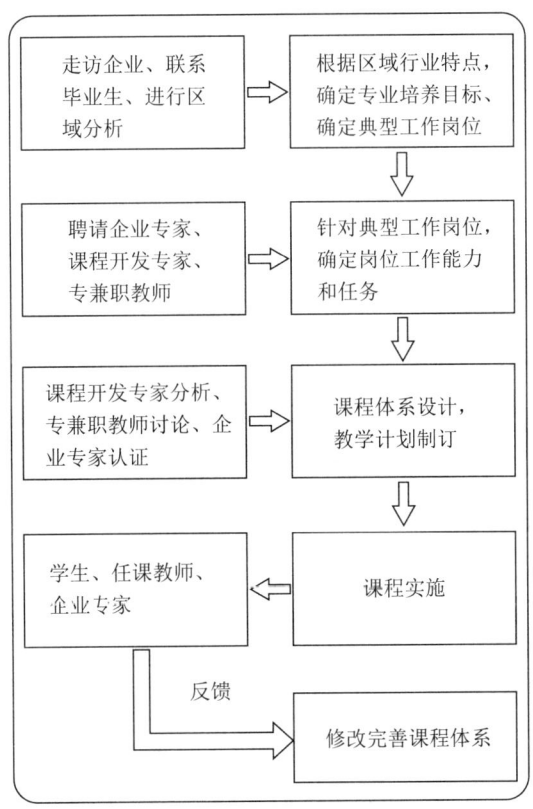

图 3-8　课程设计流程示意图

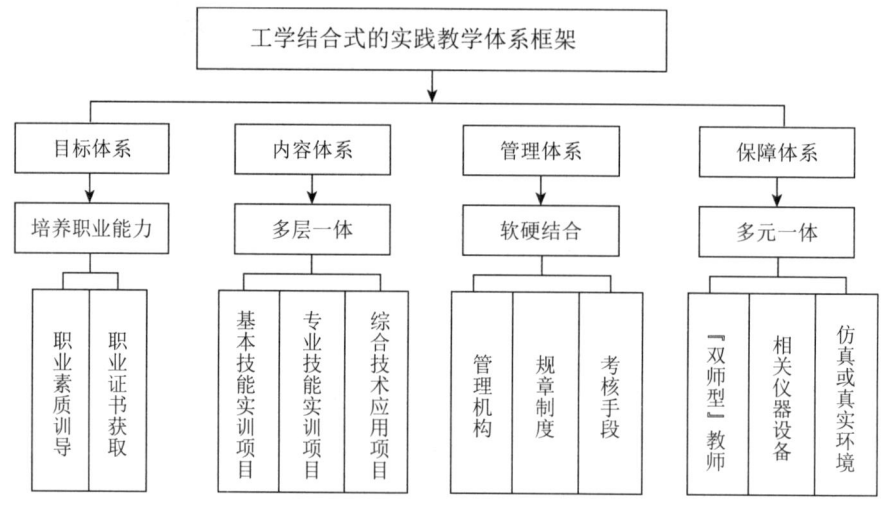

图 3-9 工学结合式的实践教学体系框架

（2）完善基础设施建设，提升教学保障能力。学校按照"依据培养方案，满足培训需求，场地升级扩容，设备增量提质"的思路，多方筹措资金购置实训设备，满足了教育教学及社会培训鉴定需求。学校现建有 3D 打印等 59 个高标准实训室，2200 多个工位，设备总价值 3500 多万元。先后投入 2000 多万元建成了"智慧校园"，实现了 1000M 带宽光纤接入，校园内 Wi-Fi 全覆盖，建成了教材教辅、教具学具、课件和网站等多种介质立体化融合的专业教学资源库，师生可在校园内随时随地调阅学习。成立了机件加工服务部和家电维修服务部，每年对外开展技术咨询及服务项目 10 多个。合作企业大金空调（上海）有限公司按照企业一比一标准为学校投资建成了仿真生产线一条，浙江吉利汽车有限公司为学校捐赠了市场价值 15.98 万元的"博越"实训汽车 1 辆，使学生零距离接触企业生产环境，实现了知识传授与生产实践的紧密衔接，提高了人才培养的针对性和实效性。校企合作成果见图 3-10。

图 3-10　校企合作成果

（3）加强师资素质培养，夯实人才培养基础。学校按照《中等职业学校教师专业标准》要求，以"双师型"队伍建设为目标，通过开展作风专项整治活动，采取校本培训，送出去参加项目培训，下企业实践锻炼，观摩学习职教名校管理经验，邀请职教名家进校开展专题培训讲座，校内举办课堂大讲赛、专业技能大比武，鼓励教师参加在职学历提升等系列师资培养工程，有效提升了师德师风师能，实现了师资团队由专任教师到"双师型"教师、骨干教师、学科带头人的"三梯度"专业成长。图 3-11 为学校专业核心课程出版的教材。

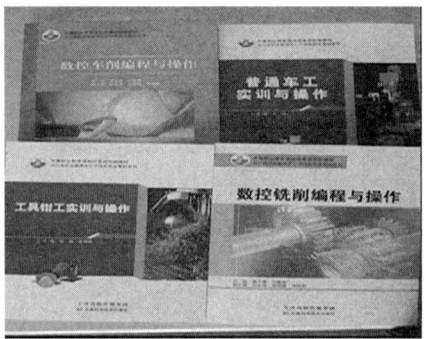

图 3-11 专业核心课程出版的教材

(二) 聚焦区域发展，践行服务宗旨，充分发挥扶贫职能

落实扶贫政策，保障贫困生学业成效。学校修订完善了各类资金发放实施办法，建立了贫困学生信息库，全面落实中职学生国家助学金、"雨露计划"、免学费等资助政策。图 3-12 为实训的学生们。2008 年以来所有农业户籍学生均享受了中职学生国家助学金，近五年共有 2218 人（次）享受了贫困家庭"两后生"技能培训金，2015 年以来精准扶贫建档立卡户学生均享受了"两后生"技能培训金，2014 年以来所有学生均享受了免学费资金。各类资金的有效落实，减轻了贫困学生家庭负担，使学生不因家庭经济困难而辍学，稳定了学生学业。

图 3-12　在实训的学生们

围绕培训新型职业农民，扎实开展送教下乡活动。围绕全县支柱产业发展需求，紧盯精准扶贫项目，2010 年以来，先后在全县招收年龄在 45 岁以下、具有初中以上学历、自愿接受职业技术教育的农民学员，送教到村组社区，传技到果园菜棚，使他们掌握经营农业产业的专业技能，掌握法律基础知识和农村卫生与健康常识，了解新农村文化建设的新任务新要求，获得中等职业学校的毕业证书和相应专业的技能等级证书，成为"技能＋学历"的建设社会主义新农村的新型职业农民。

开展社会培训鉴定，职教服务职能充分彰显。学校充分发挥平凉市第八国家职业技能鉴定所的职能，依托现有的职教师资和设备资源，借助县教育局、县人社局、县妇联、县安监局等部门搭建的平台，积极开展专业技术人员继续教育培训、下岗职工再就业培训、家政服务员培训、特种行业作业人员培训等各类培训鉴定项目。

创新就业管理机制，确保稳定就业创业。一是为了强化学生的就业稳定性与持久性，实现"一人长期就业、全家稳定脱贫"的目标，学校建立了"领导实地考察—确定安置企业—企业来校面试—护送学生进厂—签订用工合同—进厂跟踪管理—长期跟踪服务"的实习就业管理机制。学校领导每年 3 月对所有实践实习和毕业就业学生进行回访，了解学生的工作、生活等情况，调查学生的思想状况、工作环境、薪资待遇等，掌握与企业签订协议的执行情况，征求学生对工作和生活、实习企业、实习管理的意见和建议，稳定学生思想情绪，维护学生的合法权益，保证学生在企业"进得去、留得住、快发展"，提高了就业学生的稳定性。

二是按照"专业对口、薪资合理、工作适宜、注重发展"的就业安置原则，精准遴选"生产规模大、科技含量高、生活条件优、保障措施好"的企业，建立长期稳定合作关系。

三、主要成效与成果

近年来，学校通过"田·坊·堂"扶贫模式对标行业需求，深化教学改革，提升教育教学质量，聚焦区域发展，践行服务宗旨，充分发挥扶贫职能，有效助推了精准扶贫精准脱贫。

一是与行业、企业合作，调整技能培养模块，重构课程体系，加强核心课程建设，使教学内容与学生知识水平相衔接，基础课与专业课衔接，专业课与职业岗位需求衔接，形成有利于学生知识、能力、素质协调发展且与工学结合人才培养模式相适应的课程体系。图3-13为学生技能大赛成果展示。

二是围绕全县支柱产业发展需求，学校增设了果蔬花卉生产技术和畜禽生产及疾病防治两个涉农专业，以精准扶贫村（户）为主，先后在泾川县招收农民学员7429人，送教到村组社区，传技到果园菜棚，培养了一大批懂技术、会经营的新型职业农民。

三是为解决涉农专业学员的经济困难，学校多方筹措资金，先后投入70多万元对脱贫对象实行免收学费、免费发放教材、免费提供学习用具的"三免服务"，使他们能静心学习、认真实践、掌握一技之长，实现脱贫致富梦想。

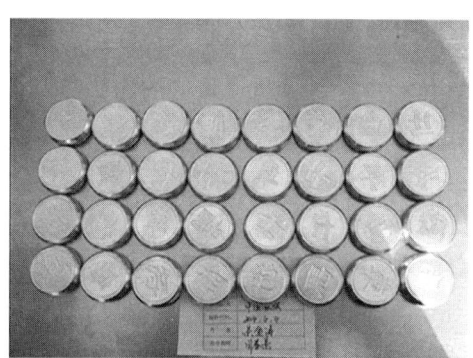
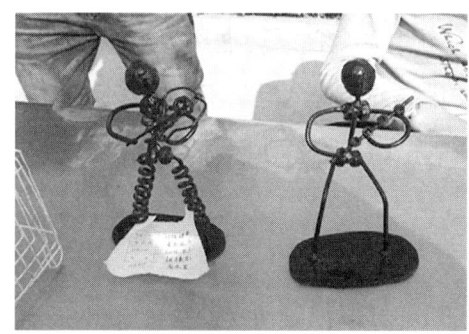

图 3-13 学生技能大赛成果展示

四、体会与思考

"职业教育在农村的脱贫攻坚中起到了十分关键的作用，甚至某种程度上职业教育能阻断贫穷的代际传递。"但是农村中等职业教育在扶贫攻坚道路上，还面临着巨大的挑战和困难。

社会观念问题。社会对职业教育的认识偏差较大，很多人总认为做这种技能型的工作会低人一等，认为孩子要成才就要去做学问，或者做管理，甚至九年义务教育阶段以"不好好学习，上职中"的口号来吓唬学生，这不仅容易使学生对职业教育产生误解，也对职业教育和学生的职业发展造成了影响。

求变意识淡漠。近几年，不少贫困群众感受到了党和国家扶贫政策带来的实惠，尝到了勤劳脱贫的甜头，走上了脱贫奔小康之路，但也有部分贫困群众"等、靠、要"思想严重，缺少求变主动性，甚至把党的扶贫好政策错误地当成了"养懒人"的政策，争着当贫困户、低保户，自身"造血"功能欠缺。

方法措施单一。目前，对贫困人口的帮扶措施仍以技术扶持为主，资金投入、物品赠予较少，对扶贫对象的素质、能力培养不足，缺乏良性互动，致使一些已经脱贫的人群因病因灾又重新返贫。加之精准扶贫工作程序多、资料多、工作量大、时间较长，虽已安排部分经费，但仍不能完全保证工作需要，更谈不上对建档立卡贫困户帮扶工作实行动态管理。

3.6.9 人才培养创新案例

内培外训　产教融合　培养高素质师资队伍
——泾川县职业教育中心人才培养创新案例

一、实施背景

随着经济社会发展方式的转变，产业结构的优化升级，现代企业设备的更新，企业的用人需求发生了明显改变，要适应这一发展的需要，就要培养和造就一大批适应时代特点的、具有专业理论知识以及专业操作技能的高素质专业技能人才。同时，职业学校招收的学生大多数文化素质较低，理论知识接受能力差，传统课堂教授方式中理论与实践衔接不够，使学生不能较好地掌握职业技能。职业教育过程应该是"尊重差异、弘扬个性、因材施教和兴趣培养"的过程，时刻体现以人为本，教学质量是学校可持续发展的生命线，而培养一支高素质综合型教师队伍是教学质量的可靠保证。

二、师资现状及存在问题

我校始终把师资队伍建设作为工作重点之一。现有教职工213人,其中干部207人,工人6人;干部身份中,男职工119人,女职工88人。年龄结构:30岁以下的有39人,占总数的18%;30—39岁有104人,占总数的49%;40—49岁的有44人,占总数的21%;50岁以上的有26人,占总数的12%。学历情况:硕士研究生学历1人,占总数的0.5%;本科学历183人,占总数的86%;专科学历19人,占总数的9%;中专学历1人,占0.5%;其余9人,占4%。职称情况:专业技术人员中,高级职称12人,占总数的6%;中级职称78人,占总数的36%;初级职称及其他123人,占总数的58%。

经过研究与分析,我校师资建设存在以下问题:

1. 职称结构不合理。高级、一级、二级教师职称结构与国家标准相差甚远,且每年上级部门只给学校下达一名高级职称限额,教师晋升职称难度较大,校内教师职称结构比例失衡。

2. 专业课教师引进较难。一些热门专业、新开设专业(如服装设计与工艺、焊接技术应用、汽车运用与维修、高星级饭店运营与管理、电子商务)的人才短缺,我省高等院校开设此类专业的较少,我县又对引进外省外市紧缺专业人才有较多的条件限制,具有一定企业工作经历的人员也不能引进,致使专业课教师短缺的问题难以解决。

3. 培训渠道不通畅。教师参加赛会等其他国家级培训的限额较少。因专业课教师奇缺,任课量大,教师攻读在职研究生、进入企业参加中长期培训或离职进修带来的系列教育教学矛盾难以解决。另外,因计划生育二孩政策放开,请假人数增多,在正常开课教师都短缺的情况下,难以派员参加培训。县级财政没有列支专门的职业教育教师培训经费,加之办学经费紧张,致使学校聘请知名专家进校开展培训的次数相对较少。

整体素质还需提高。青年教师相对较多。他们虽然易于接受新思维、新理念，具有较强的工作活力，但因从教时间较短，对职业教育研究不深，业务钻研不精，对学科、专业发展前沿的追踪能力不高，教研成果相对较少。

因此，通过内培外训、产教融合的方式培养一支全能型高素质的专业师资队伍势在必行。

三、工作目标

学校通过分析现代企业需求，结合实际，研究制定了以专业（或学科）带头人为核心，以骨干教师为主体，以"双师型"教师为重点，以兼职教师为补充的教师队伍，实现教师队伍产教融合的立体结构。

四、工作过程

学校将师资队伍建设作为提升教育教学质量的基础性工作来抓，以实施国家中等职业教育改革发展示范学校项目建设为契机，进一步完善制度机制，强化工作落实，提升了师资素质。

一是建立制度机制。拟订了"泾川县职业教育中心教师五年培训计划""泾川县职业教育中心'双师型'教师培养计划""泾川县职业教育中心骨干教师、学科带头人培养办法"等制度，明确了师资队伍建设的要求、基本策略，使师资队伍专业素质提升有了制度保障。以开展党的系列主题实践教育活动抓手，坚持开展干部作风集中整顿活动，在综合考核、职称晋升、评优选模中加大师德考评比例，强化了师德师风建设。

二是实施培养工程。学校采取"抓校本，走出去，请进来"的培养方式，大力实施专家引领、校培、省培、国培、岗位锻炼、下企业锻炼、跟踪服务锻炼、学生评议、学校评聘、企业评价的"一领三培三炼三评"师资培养工程。同时，选聘企业能工巧匠来校授课，帮扶指导，实现了师资团队由专任教师到"双师型"教师、骨干教师、专业带头人的"三梯度"专业成长。5年来，先后有180多人次参加了赛会培训、示范校专题培训、下企业实践锻炼等校外项目培训，坚持每年开展两次校本全员培训，提升了师资队伍素质。现有县级以上骨干教师、学科带头人39人，市级"双师型"教师50人。

三是引进激励机制。学校全面落实职称评聘、岗位晋升、绩效工资、年终考核等激励机制，每年推荐教师参与县教育局等党政部门开展的优秀教师、优秀共产党员评选活动，每年表彰奖励一批校级先进个人，有效调动了教师工作的积极性。5年来，学校共有230多篇论文或其他教研成果在县级以上刊物上发表或获奖。

四是做好传、帮、带工作，提高团队教学水平。在青年教师的培养过程中，学校坚持实施"青蓝工程计划"，充分发挥老教师的重要作用，认真选派教学经验丰富、治学态度严谨的老教师作为学校中青年教师的指导教师，以老带新，以强带弱，让青年教师在跟班听课，参与教研活动、实训指导、学习评价等教学过程中，逐步了解、熟悉和掌握中等职业教育的基本规律，并了解编写教学大纲、写教案、授课、批改作业等教学环节的规范要求，从而不断提高青年教师的综合能力。

五是建立人才引进机制。近年来，随着学校招生规模不断扩大，学生人数逐年增加，师资短缺现象日趋突显。为了解决教师短缺带来的系列问题，县上建立了紧缺人才引进机制，2010年以来通过从应届大学毕业生中招聘紧缺专业课教师、从县内城乡学校中公开招考选拔公共课教师等方式，共引进教师61人，一定程度上缓解了师资短缺的问题。

五、主要成就与成果

通过实施系列师资培养工程，教师的理论知识、专业技能得到了较大提升，教育理念不断更新，教学方式不断创新，教科研成果不断突显，为形成特色鲜明的课程体系奠定了基础。

建立了以"项目（任务）驱动，理实一体"的课程体系，形成了一个校企合作紧密、专业特色鲜明、实践操作性强的完整教学体系。重点专业建设之前，我们也有课程开发、教材开发、专业标准，也有实训基地、精品课程、现场教学，然而这若干教学改革成果，基本都是单一、零散、分离的。在我校国家示范校建设过程中，对这些已有成果再做升级开发、归纳打包、整理提升，形成一个专业特色、岗位技能、能力递进的完整职业教育教学体系。同时，我校被甘肃省教育厅确定为"数控技术应用课程组"和"轻纺食品课程组"主持学校。

形成了专业特色鲜明的校本教材。在师资队伍建设中，先后修改完善《数控车削编程与加工》《数控铣削编程与加工》《制冷空调原理与维修》等专业核心课程 6 门。编制《机械制图实训指导》《数控线切割实训与操作》《电子整机装配实训教程》《电器控制》《PLC 原理与编程》等理实一体化校本实训教材 12 册，并在现有教学班级中应用，师生反映良好，受到师生好评。

教学成效逐渐显现。近年来先后有 200 多名学生在县级以上各类学科、技能比赛中获奖。在 2015 年甘肃省技能大赛中，数控铣、制冷与空调设备组装与调试两个项目均取得了第一名的成绩，学校以 129 分的团体总分在全省 103 所参赛学校中排名第五，全市排名第一，张军锋、袁文进、赵永锋三名同学在全国职业技能大赛中荣获三等奖。数控专业连续 5 年在国家、省、市技能大赛中，有 40 多人次获得奖励，2010 年在全省中等职业学校技能大赛中荣获数控技术项目团体二等奖；学生曹涛在 2012 年全省技能大赛中荣获数控铣床赛项一等奖并代表甘肃省参加全国数控铣床赛项技能大赛。学生的技能鉴定合格率达到了 100%，毕业生"双证"率达到 98% 以上。表 3-7 为 2015 年、2016 年各级技能大赛成果。

表 3-7　2015—2016 年技能大赛获奖情况统计表

时间　级别	2015 年			2016 年		
	一等奖	二等奖	三等奖	一等奖	二等奖	三等奖
县（校）级赛获奖人数	196	303	464	208	338	480
市赛获奖人数	28	52	55	54	60	66
省赛及以上获奖人数	9	18	10	14	13	26

六、体会与思考

学校师资队伍建设工作，不仅提升了我校教师的职业素质，也提高了教师的职业技能，现在大多数教师已经是产教融合的复合型专业骨干，在教室，他们是优秀的教师；在实训车间（室），他们是技术能手；在教研方面，他们是各种教学模式的倡导者和执行者，赢得了多方的好评并取得一定的成效。分析原因主要有以下 4 点。

师资队伍建设工作，领导重视是关键。每年，学校的工作报告都将师资队伍建设工作摆在重要位置，突出改革创新务实。加强师资建设工作以来，学校中心主任及分管主要领导多次率领管理部门和专业骨干到省内外一流的职业院校考察学习，经费投入更是百分百保证。

产教融合，构建全能型专业教师队伍，不断提升教师的积极性，加强企业参与的深度与广度。

创新教学方法，提高课堂教学效果。培养高素质综合型师资队伍的落脚点是提高课堂教学效果，使教师和学生受益，得到社会的认可。学校倡导的"项目教学法""理实一体化"教学模式、"情景模拟"教学法是提高课堂教学效果的重要举措。

发挥专业骨干、学科带头人和技能大师核心作用，激励措施到位。

3.6.10 深化教学改革，促进就业创业经验材料

深化改革提质量　校企合作促就业

——泾川县职业教育中心深化教学改革，促进就业创业经验材料

近年来，在各级党委、政府、教育主管部门的正确领导和社会各界的大力支持下，按照"依托项目夯基础，瞄准市场设专业，接轨企业搞教改，突出实训抓质量，扩大就业促效益"的办学思路，不断创新办学理念，持续深化教育教学改革，全力推进校企合作产教融合，学校在办学规模、质量、效益方面取得了显著的成绩，服务社会的职能充分彰显，培养了一大批高素质技术技能型人才，为助力精准扶贫精准脱贫、建设山川秀美富裕小康文明和谐新泾川提供了强有力的人才支撑。

1.精准定位市场需求，科学优化设置专业。学校着眼于服务学生就业和助推县域经济发展需求，围绕战略新兴产业、特色优势产业、富民多元产业、区域首位产业，建立了专业设置与产业结构调整相适应的专业预警和专业动态调整机制。2010年以来，学校先后新开设了果蔬花卉生产技术和畜禽生产及疾病防治2个涉农专业及电子商务专业，使专业设置与市场人才需求相匹配，与促进学生就业目标相适应。目前，学校开设的13个专业中，焊接技术应用专业为省级中等职业学校重点专业，电子电器应用与维修、机电技术应用、数控技术应用专业为国家示范校项目重点支持建设专业，服装设计与工艺、数控技术应用专业为全省中职校第五届课程组牵头专业。电子电器应用与维修、机电技术应用、服装设计与工艺、高星级饭店运营与管理4个专业为全国首批开展现代学徒制试点专业。

2.完善基础设施建设，提升教学保障能力。学校按照"依据培养方案，

满足培训需求，场地升级扩容，设备增量提质"的思路，多方筹措资金购置实训设备，满足了教育教学及社会培训鉴定需求。学校现建有3D打印等59个高标准实训室，2200多个工位，设备总价值3500多万元。先后投入2000多万元建成了"智慧校园"，实现了1000M带宽光纤接入，校园内Wi-Fi全覆盖，建成了教材教辅、教具学具、课件和网站等多种介质立体化融合的专业教学资源库，师生可在校园内随时随地调阅学习。成立了机件加工服务部和家电维修服务部，每年对外开展技术咨询及服务项目10多个。合作企业大金空调（上海）有限公司按照企业一比一标准为学校投资建成了仿真生产线一条，浙江吉利汽车有限公司为学校捐赠了市场价值15.98万元的"博越"实训汽车1辆，使学生零距离接触企业生产环境，实现了知识传授与生产实践的紧密衔接，提高了人才培养的针对性和实效性。

3. 加强师资素质培养，夯实人才培养基础。学校按照《中等职业学校教师专业标准》要求，以"双师型"队伍建设为目标，通过开展作风专项整治活动，采取校本培训，送出去参加项目培训，下企业实践锻炼，观摩学习职教名校管理经验，邀请职教名家进校开展专题培训讲座，校内举办课堂大讲赛、专业技能大比武，鼓励教师参加在职学历提升等系列师资培养工程，有效提升了师德师风师能，实现了师资团队由专任教师到"双师型"教师、骨干教师、学科带头人的"三梯度"专业成长。学校现有市县级"双师型"教师86人，省、市、县级骨干教师39人，有全国职业教育先进个人1人，省级园丁奖获得者2人，首届甘肃十大杰出职业院校校长1人，有370多人次撰写的论文、参与研究的课题在县级以上刊物上发表或通过评审验收。

4. 深化教学模式改革，健全人才培养体系。学校以实施现代学徒制试点工作为抓手，以企业用人需求与岗位资格要求为标准，建立了专业人才培养目标与企业岗位需求相对接，训练任务与企业岗位技能相对接，教学过程与生产过程相对接的人才培养理念和"基本技能＋专业技能＋岗位技能"的现代学徒技能训练体系，构建了以职业技能为核心的"四模三维六融通"层次化课程体系和以德为先、能力为重、素养为本的道德、能力、素养"三位一体"的评价体系。创新实施任务驱动的"做中学，做中教"的理实一体化教学模式，全面推行项目教学、案例教学、情景教学、工作过程导向教学等教学方式。依托智慧云校园平台，通过数字仿真、模拟流程、虚拟现实等方式生动直观地展示知识、技术和生产过程，做到了虚实结合，增强了教学的针对性和实效性。

5. 推进校企深度合作，拓宽实习就业渠道。学校积极推行校企合作、订单培养、工学结合人才培养模式，按照"资源共享，优势互补，合作共赢，共同发展"的原则，先后与大金空调（上海）有限公司、浙江吉利汽车有限公司、宁波申洲针织集团有限公司等20多家企业签订了长期稳定的合作关系，使学生毕业后就能顺利进入合作企业实习就业。校企双方建立了"联合制订人才培养方案、联合开发教学资源、联合开展师资培训、联合建设实训基地、联合考评顶岗实习学生"的协同育人机制，合作企业坚持每学期两次委派技术人员来校为冠名班学生授课，为学生尽快适应企业工作岗位奠定了基础。2010年以来累计建立大金空调、吉利汽车、申洲针织等冠名班22个。近年来，合作企业累计为冠名班学生提供工服471套，发放奖学金、帮困金、捐赠实训设备及耗材共计110多万元。5年来向合作企业及本地产业一线安置中职就业学生9416人，毕业生就业率达97.4%以上，学生月平均收入达到了4500元，实现了"招收一个学生，培养一个学生，就业一个学生，致富一个家庭"的育人目标。

6. 强化核心素养教育，提升就业创业能力。围绕学生的人文素质、审美素质、科学素质和社会能力素质广泛开展教育活动，开展第二课堂或兴趣小组、组建社团，让教师引导，学生自我管理、自我组织、自我开展活动，锻炼学生的人际交往能力、沟通能力和管理能力等，促进学生文化品位、审美情趣和科学素养的不断提高。通过开展春季田径运动会、趣味运动会、秋季篮球赛等体育竞赛活动，提高了学生人际交往能力；通过举办科技进校园、科技创新大赛等活动，提升了学生解决问题、信息处理、自我学习、创新革新的能力；开展"3个100"（100首名诗、100首名曲、100幅名画）进校园、经典诗文诵读、传统文化进校园等展览讲座、读书交流、英语演讲等活动，培养了学生人文素养；组建了3D打印、机器人、绿色使者、小小创客、职业英语等社团，要求每名学生至少加入一个社团，综合培养了学生的创新能力。开展职业指导与创业教育、职业生涯规划、就业创业讲座等活动等，对学生开展创业意识教育，为他们植入了"创新创业基因"，提高了学生的可迁移技能和职业核心竞争力，降低了学生可持续发展的职业转换成本，为将来的创业奠定了基础。

7. 创新就业管理机制，确保稳定就业创业。为了强化学生的就业稳定性与持久性，实现"一人长期就业、全家稳定脱贫"的目标，学校建立了"领导实地考察—确定安置企业—企业来校面试—护送学生进厂—签订用工合同—进厂跟踪管理—长期跟踪服务"的实习就业管理机制。学生第三学年在企业实践实习期间，学校均选派工作认真负责、沟通协调能力强、管理经验丰富的教师进入企业跟踪管理3—6个月，为学生提供心理疏导和技能指导，协调解决学生存在的困难，减少了学生实习期间的各种困惑。学校领导每年3月对所有实践实习和毕业就业学生进行回访，了解学生的工作、生活等情况，调查学生的思想状况、工作环境、薪资待遇等，掌握与企业签订协议的执行情况，征求学生对工作和生活、实习企业、实习管理的意见和建议，稳定了学生思想情绪，维护学生的合法权益，保证了学生能在企业"进得去、留得住、快发展"，提高了就业学生的稳定率。近年来，学生的实习及就业稳定率均保持在95%以上。

通过卓有成效的教育教学改革措施，全面提升了学生的综合素养和就业创业能力，实习就业学生深受用人单位好评，就业安置工作实现了由以前的学校找企业到现在的企业找学校、学校遴选优质企业安置学生的转变。近年来安置的就业学生大部分在企业发展情况良好，成为企业技术骨干及管理层人员。在大金空调（上海）有限公司就业的姚亮、乔伟、浙江吉利汽车有限公司就业的蒋福平、常天云等多名学生，成为生产线组长、班长；杨晓杰等多名就业学生通过个人奋斗在就业城市购车购房，安家立业。2013届汽车运用与维修专业毕业生巨亚军，与人合伙创办了西安市影光汽车美容中心，2015年创办了西安市东兴汽车修理厂，年收入20多万元。2010届数控技术应用专业学生刘东，在我县中山街创办了刘东手机维修店，现在经营品牌手机的销售及售后服务，年收入15万元左右。2011届计算机平面设计专业毕业生苏金伟，毕业后自主创业，2012年创办了平凉市爱心补习学校，2013年创办了平凉市嘉宝莉防水专卖店，2015年创办了平凉市中力灶用清洁燃气服务公司，年收入30多万元。

3.6.11　中职生家访创业方案

精准扶贫背景下对中职生进行精准家访的实践研究

课题"精准扶贫背景下对中职生进行精准家访的实践研究——以平凉理工中等专业学校家访工作为例"于2018年11月经甘肃省教育科学研究领导小组批准，立项为甘肃省教育科学"十三五"规划2018年度高校与职业院校课题。

一、问题的提出

（一）选题背景

1.基于对教育精准扶贫政策的贯彻落实

扶贫攻坚是"十三五"规划的重中之重，2018年我国仍有3000多万贫困人口，对此，习近平总书记提出了扶贫开发"贵在精准，重在精准，成败之举在于精准"。要确保贫困人口到2020年如期脱贫，必须探究贫困根源，从源头上切断贫困的代际传递，教育扶贫是彻底稳定脱贫的重要推手。正如习近平总书记提出的"扶贫先扶智，扶贫必扶志"，教育扶贫就是营造扶贫、扶志、扶智的环境，解决人的素质问题，转变一些贫困人群的懒惰思想和"等、靠、要"观念，引导贫困农民家庭主动脱贫致富。2016年，国务院扶贫办在教育扶贫方面配合教育部、人力资源和社会保障部等部门，出台特惠教育政策，大力推进职业教育，努力阻断贫困代际传递。贫困家庭只要有一个孩子考上大学，毕业后找一份工作就可以带动家庭脱贫；只要有一个孩子学一门技术，就可以找一份好的工作，助力家庭脱贫。只要有了文化和知识、技术和技能，贫困家庭发展就有了曙光。根据课题组成员所在的平凉理工中等专业学校2018年9月统计结果显示，全校共有547名精准扶贫户学生，这就意味着此后两年我校教育承载着泾川县547户家庭的脱贫梦想。

家校联合共同育人，是教育扶贫的有效途径之一。精准扶贫户学生家庭情况较为复杂，深入了解学生的家庭结构、经济状况、家庭成员思想素养，挖掘贫困根源，探讨脱贫措施极为重要。因此，针对具体对象进行精准家访，有利于精准了解学生的家庭成长坏境，精准把握学生及家长的思想观念，帮助学生确立发展目标，规划职业生涯，提升学生乃至家长的思想认识，为脱贫致富提供理论指导。如何落实教育精准扶贫政策，助力脱贫攻坚，即为本研究的理论选题依据。

2.基于平凉理工中等专业学校家访工作开展现状

从2016年至2018年1月学校安排的三次家访中，参与教师、回收家访调查表、家访总结数量统计结果来看，教师家访参与率合计87.9%，调查表回收率达100%，家访总结回收率合计89.5%。还有20.5%的教师没有上交家访总结，原因为没有进行实地入户家访，家访安排出来后，找学生填写调查表了事。见图3-14。可见仍有少数教师对家访工作的认识和重视程度远远不够。

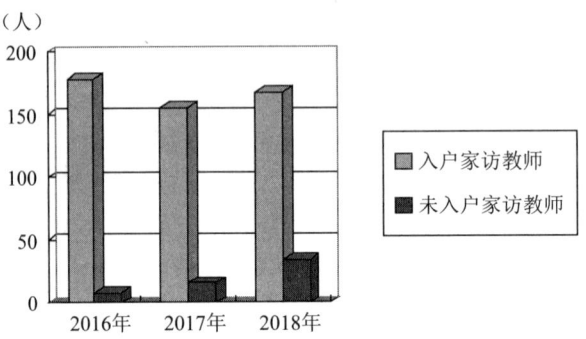

图3-14 三次家访未入户家访教师对比

从学生或家长填写的调查表与教师家访总结来看，约1/3的学生或家长调查表填写不认真（见图3-15），思想上不够重视，敷衍应付，有些学生或家长，除家庭成员外，其他项全填"无"，甚至家庭经济收入来源一栏也填"无"；约1/3的教师，家访总结粗制滥造，有的随便粘贴，言不达意（见图3-16）。对资料进行对比发现，教师家访总结不认真的，对应的学生或家长调查表填写也极不认真。可见，有些教师没有认真履行职责，家访只是迫于学校安排，走过场而已，没有用心去落实家访目标。

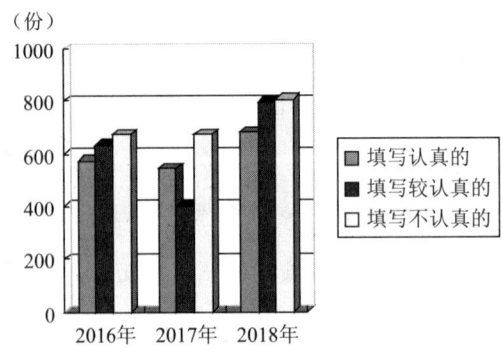

图3-15 三次家访学生或家长填写的调查表情况对比

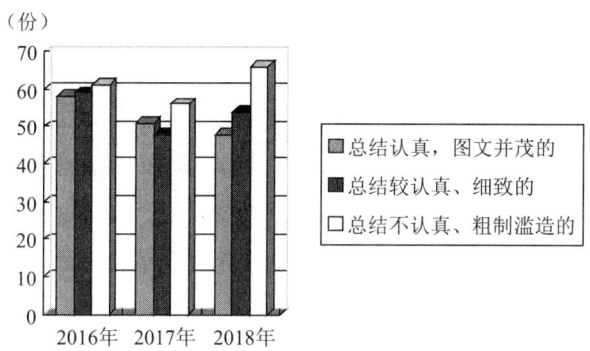

图 3-16 三次家访教师总结情况对比

从访谈学校政教处主任、干事获悉，大部分教师能够积极配合学校安排的家访工作，不推诿塞责，家访纸质资料详细认真，且能提交音像资料，但少数教师总以各种理由不服从安排，总结不认真，资料不齐全，不按时上交。从访谈的 20 名班主任、20 名任课教师获知，平时注重学生思想动态，经常与学生谈心的班主任占 25%，任课教师仅占 5%，见图 3-17。平时能够入户实地家访的班主任仅占 5%，任课教师"0"；经常与家长电话联系的班主任占 20%，任课教师"0"，见图 3-18，多数班主任是孩子出了问题才电话沟通或群里通知，任课教师平时没有人与家长联系。家访工作似乎只是班主任的"专利"；从约谈的 20 名学生、20 名家长对家访工作的评价来看，认为家访有作用的学生、家长均占 10%，认为家访没有作用的，学生占 55%，家长占 50%，见图 3-19，可见半数及以上的学生、家长对我们的家访工作不看好。

从抽取的 6 名 16 级精准扶贫户学生的追踪调查来看，83.3% 的学生认为学校安排的家访教师年年变化、没有明确的家访目标；学生反映与家访教师不熟，没有共同话题，老师只是例行公事泛泛而谈。16.7% 的学生认为家访对自己没有帮助。见图 3-20。

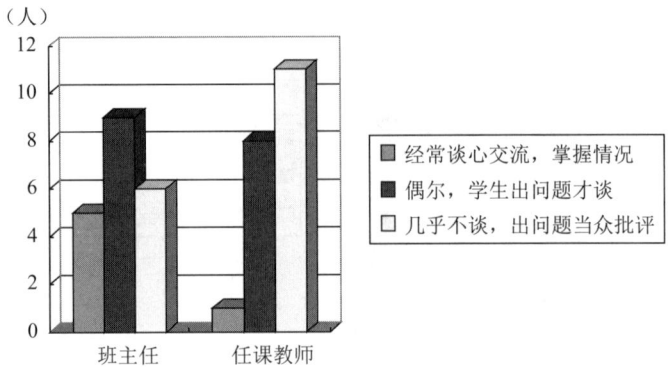

图 3-17 班主任、任课教师平时与学生谈心情况

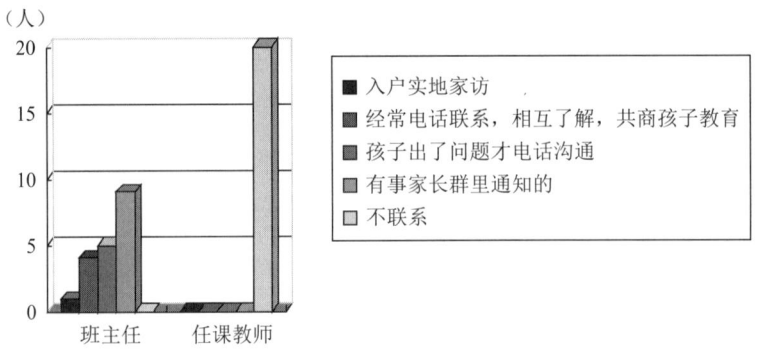

图 3-18 班主任、任课教师平时与家长联系情况

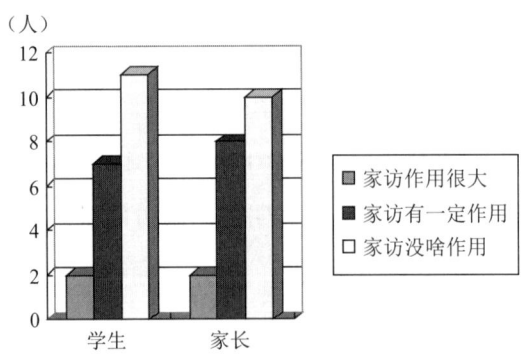

图 3-19 学生、家长对家访作用的评价

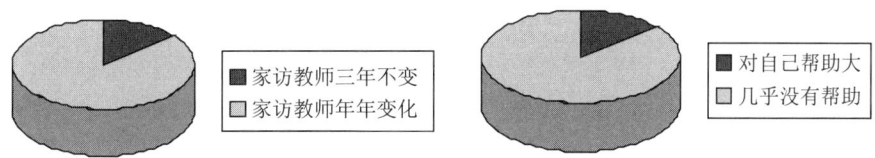

图 3-20　家访教师变化与对学生帮助的关系

由此可见,学校的家访工作还停留在学校的行政命令层面被动进行,相当一部分教师家访"走过场"而已;家访教师年年变化,且与学生不熟,学生不愿意表达自己,双方交流深度有限,起不到深入了解学生及家庭、对症解决问题、提升教育效能的作用;平时任课教师几乎不与家长联系,班主任也是学生出现问题才与家长沟通,家访还停留在被动问责的"告状式",寻求解决问题的"亡羊补牢式"层面;一次家访后没有下文,学生、家长的建议得不到落实,更谈不上帮扶帮助,学生、家长普遍对家访不看好。

因此,如何发挥教育在精准扶贫中的"传(传递先进思想、教育智慧)帮(帮助学生及家长提高思想认识)带(带动学生及家长学习技术,勤劳致富)"作用,促使学生成长成才,促进家长转变观念,建立有效的家校合作模式,即为本研究的实践选题依据。

(二)核心概念界定

1. 精准扶贫

精准扶贫,是指针对不同贫困区域环境、不同贫困农户状况,运用科学有效程序对扶贫对象实施精确识别、精确帮扶、精确管理的治贫方式。"精准扶贫"的重要思想最早来自习近平总书记到湖南湘西考察时首次作出的"实事求是、因地制宜、分类指导、精准扶贫"的重要指示。

2. PDCA 循环理论

PDCA 循环的含义是将质量管理分为四个阶段,即计划(P)、执行(D)、检查(C)、处理(A)。在质量管理活动中,要求把各项工作按照做出计划、计划实施、检查实施效果，然后将成功的纳入标准，不成功的留待下一循环去解决。

3. 精准家访

课题组认为，精准家访就是构建"精准查摆问题—精准制订方案—精准解决问题—精准反思改进"的家校合作长效育人机制。

二、课题研究的基本情况

（一）研究的主要问题

1. 探讨最佳的、最实用的、最受中职生和家长欢迎的家访形式。根据目前农村家庭中绝大多数学生家长外出打工的实际，将"传统家访与电子交互式家访"有机结合，构建"学生、家长、学校、社会"零距离、无障碍、随时交互的合作机制，探讨最佳的、最实用的、最受中职生和家长欢迎的家访形式。

2. 汲取学校历年来全员家访工作中的成功经验，梳理存在问题、家访工作注意事项和亟待解决的问题，探讨如何主动与学生、家长联系，实施精准帮扶，如何送爱到家，用心扶智，用情扶志，实现精准家访目标。

3. 探讨 PDCA 循环理论在家访工作质量管控中的作用，依据 PDCA 循环理论的"计划（P）、执行（D）、检查（C）、处理（A）"四个环节设计精准家访流程，探索精准家访模式，家访方法、途径、考核指标、计划制订、实施过程、总结、评价等，形成具有可操作性、指导性的精准家访实施方案，将家访工作制度化、常态化、精准化，推广学校使用，助推脱贫攻坚。

4. 通过精准家访实践，找出帮扶对象贫困的真正根源，探究最佳的帮扶策略。

（二）研究思路

本课题遵循从"普遍—特殊——般"的规律，普遍调查课题组成员任教专业中，精准扶贫户学生总体情况，综合分析研究，精准确定研究对象，针对研究对象实际进行典型案例研究，从典型案例中提炼精华，总结经验，推广应用。具体研究思路见图 3-21。

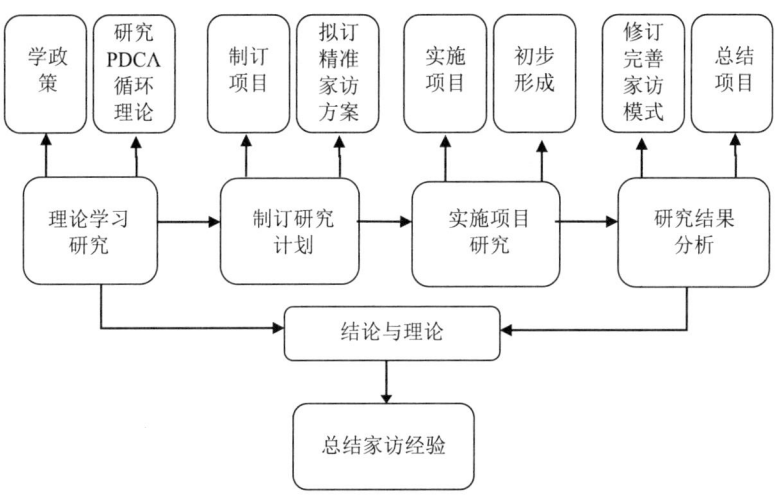

图 3-21　课题研究思路

（三）研究的过程与方法

本课题主要采用文献研究法、调查研究法、行动研究法、经验总结法，其中以调查研究法、行动研究法为主。

1. 第一阶段：研究准备阶段（2018.5—2018.10）

此阶段主要运用文献研究法，广泛搜集有关精准扶贫、教育扶贫政策文件，查找国内外家访理论、PDCA 循环理论相关文献资料、核心期刊论文，以及关于 PDCA 循环理论在其他领域的应用成效，整理成册，深入了解相关课题的研究领域、内容及其研究深度，架构研究理论，明确研究方向。

①成立课题研究小组，分析当前形势、国家政策，选定课题研究方向，做好课题立项工作。

②课题负责人召集课题组成员对课题目标、研究内容、拟采用的研究方

法、研究阶段等进行详细的介绍与分析说明，课题组成员讨论、商议后，落实课题组成员的分工。

③组织课题组成员学习本课题的有关理论知识、国家政策，制订课题研究方案和实施计划，筹备开题报告。

④邀请学校教务处领导，进行开题论证，完善实施计划。

2. 第二阶段：调查研究阶段（2018.10—2018.11）

此阶段运用资料调查法、抽样调查法、访问调查法三种调查研究方法，对我校学生家访工作开展情况进行全面研究，探讨学校家访工作的成功经验，挖掘存在的问题，确定精准家访目标。

①运用资料调查法，查阅并统计我校2016—2018年1月学校安排的3次教师全员家访上交的家访记录表、家访总结，从记录表填写的认真程度、总结的翔实度，判断并统计教师家访的认真程度。记录好的做法和存在的问题，掌握家访情况。查阅学校精准扶贫户学生信息一览表，掌握学校精准扶贫户学生数量、分布。

②运用访问调查法，访谈学校政教处主任、干事、部分班主任、任课教师、学生及家长，了解家访工作的成功经验，征求各方面人员对家访工作的意见、建议。

③运用抽样调查法，从2016年入校学生中抽取6名精准扶贫户学生，查看不同年度家访教师、家访记录、家访总结，系统归纳、记录存在问题，并与本人访谈，了解真实的家访现状，听取学生对家访的看法。

④综合分析以上3个方面的调查结果，吸收经验，梳理问题，明确家访中应注意的事项和亟待解决的问题，完成《平凉理工中等专业学校学生家访情况调查报告》，明确研究目标。

3. 第三阶段：实践研究阶段（2018.11—2019.12）

此阶段运用问卷调查法、访谈调查法和行动研究法，以行动研究法为主。

拟订精准家访对象，针对家访对象实际，制订家访计划、家访评价标准、家访模式，拟订家访方案，实施精准家访，反复实践验证，探讨精准家访的有效方式、家访模式、精准帮扶策略，落实家访目标。

①召开研讨会，依据学校全员家访工作调研报告，讨论精准家访对象的确定原则。研读PDCA循环理论在质量管控工作中的运用，构建研究假设——"两调查六循环"家访模式，拟订家访实施方案，设计精准扶贫户学生情况调查表。

②运用问卷调查法，抽取课题组成员授课的服装设计与工艺、机电技术应用、汽车运用与维修、数控技术4个专业的精准扶贫户学生，发放调查表，从家庭、学习、表现三个方面进行普遍调查，了解4个专业的精准扶贫户学生情况，统计、分析问卷结果，初步拟订精准家访对象9名。

③运用访问调查法，课题组成员通过与拟订对象本人谈心，与拟订对象的班主任、同伴谈心，与家长电话访谈，精准掌握情况，精准确定研究对象，即精查。精准掌握初选对象情况，经课题组商讨最终确定6名精准访问对象。根据课题组成员与访问对象的熟悉程度，确定"一对一"结对，根据访问对象实际，结合扶贫政策，确定家访目标，制订家访计划、家访考核标准，拟订精准家访方案，设计精准家访对象家访记录表、帮扶记录表、成长记录册。

④运用行动研究法，通过"计划—实施—自查—评估—反思—调整"，对确定的6名精准家访对象，进行全方位、多角度的跟踪调查、访问、研究。一是帮扶教师通过微信、面对面谈心，掌握帮扶对象思想动态、在校学习、生活状况、在家表现，及时诊断，及时帮扶；二是通过电话、微信、入户实地家访，与家长保持长期的交流联系，跟踪访问，掌握家庭情况，深挖贫困根源，商讨问题对策，不断完善家访模式，探索教育帮扶策略；三是及时查缺补漏，调整实施策略，弥补不足；四是定期召开研讨会，进行

阶段总结、评价；五是根据自评、课题组成员互评和评价小组考核评价结果，集体反思存在的共性问题，自我反思自己工作中的失误和不足；六是根据存在问题，集体商讨改进方案，自我调整工作方法，进入下一轮的访问研究。

⑤总结精准家访经验，归纳典型案例，撰写并发表论文，推广研究成果。

4. 第四阶段：总结深化阶段（2019.12—2020.6）

此阶段主要运用经验总结法，从家访模式、家访方式、家访实施过程、家访考核评价、实施效果5个方面进行全面总结分析，汇总拟订家访模式在实践验证过程中出现的问题，归纳经验，总结教训，反思改进，提高家访工作的实效性。

①收集整理课题研究资料，撰写研究报告。

②展示研究成果，进一步推广运用。

三、主要特色与创新

1. 提出了"精准家访"的理念

课题组认为，"精准家访"就是构建"精准查摆问题—精准制订方案—精准探究问题—精准帮扶帮助"的家校合作长效育人机制。

2. 变"走过场无作为式"家访为"引导、帮扶式"家访

建立家校合作共同育人的长效机制，实现"三个一体化"，即宣传、引导一体化，扶贫、治愚一体化，培训、教育一体化。

3. 变"亡羊补牢式"家访为"防患于未然式"家访

改变以往学生出现问题才被动问责式的家访为主动送爱到家式家访。

4. 变随机分配型家访为一对一（或一对多）的全程跟踪责任制家访

学生进校后分配家访教师，责任到人，全程跟踪访问。

5.构建传统家访与电子交互式家访相结合的多元化家访形式

将入户实地家访、邀请家长来校访问(见图3-22),与微信聊天、视频、语音等电子交互式家访相结合,构建学生、家长、学校、社会零距离、无障碍随时交互的合作机制。

图3-22　家长来校访问

四、研究成果与实施成效

(一)研究成果

1.构建了PDCA循环理论指导下的中职生精准家访模式

以PDCA循环理论为指导,依据"计划(P)—执行(D)—检查(C)—处理(A)"的程序,构建"两调查、六循环"家访模式(见图3-23),具体是,通过普查与精查,确定研究对象,通过"计划—实施—自查—评估—反思—调整"的家访模式,对家访对象进行反复实践研究,总结上一阶段的成功经验,反思存在问题,调整思路,制订下一阶段的家访计划,提高家访的实效性。

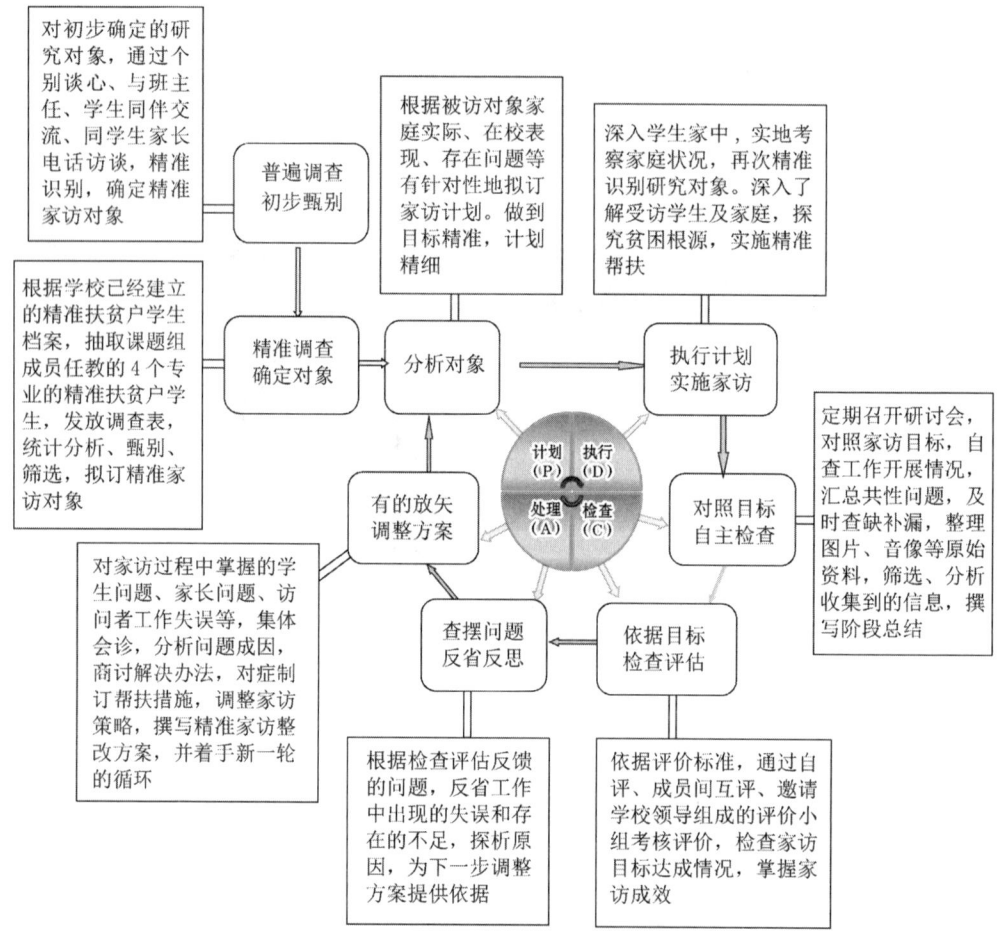

图 3-23 "两调查、六循环"家访模式

2. 变"亡羊补牢式"家访为"防患于未然式"家访

改变以往学生出现问题才被动问责式的"告状",为主动送爱到家的关怀,将学校的关爱和温暖、先进的思想文化、教育的智慧送到家,家校随时沟通,防患于未然,见图3-24,促使学生可持续发展,达到家校合作共同育人的目的。

 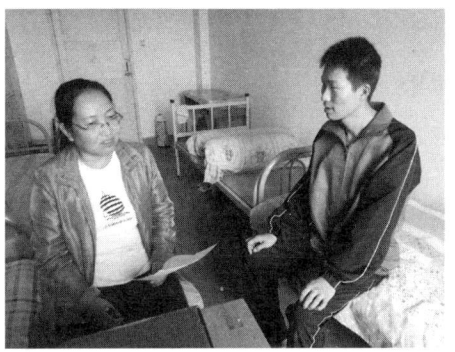

图 3-24 "防患于未然式"家访

3.变"走过场、无作为式"家访为"引导、帮扶式"家访

健全家访工作检查评价机制，有效防止走过场、无作为式家访，见图3-25，真正发挥家访的教育功能、帮扶作用，实现"三个一体化"，即宣传、引导一体化，扶贫、治愚一体化，培训、教育一体化。

图 3-25 "引导、帮扶式"家访

4.变随机分配型家访为全程跟踪责任制家访

学校每年的全员家访，随机分配家访教师，对学生来说家访教师年年变，且与学生不熟，家访没有实质性突破，探讨一对一（或一对多）（一个教师固

定帮扶一个或多个学生）的全程跟踪责任制（学生进校到毕业一个教师全程跟踪）家访，构建"学生入校—教师固定帮扶—全程跟踪"的精准帮扶责任制，助推学生成长。见图3-26。

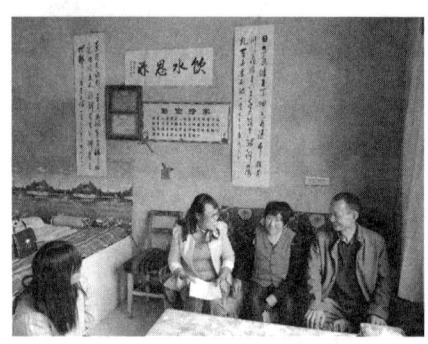

图3-26 全程跟踪责任制家访

5. 将传统家访与电子交互式家访相结合，优化家访形式

将入户实地家访、邀请家长来校访问，与微信聊天、视频、语音等电子交互式家访相结合，优化家访形式，见图3-27。坚持"五个一"，即每月至少与帮扶对象面对面谈心一次；每月至少指导其填写成长记录一次；每月至少电话或微信访问家长一次；每学期至少入户实地家访一次；每学期至少邀请家长来校访问一次。构建学生、家长、学校、社会零距离、无障碍、随时交互的合作机制。

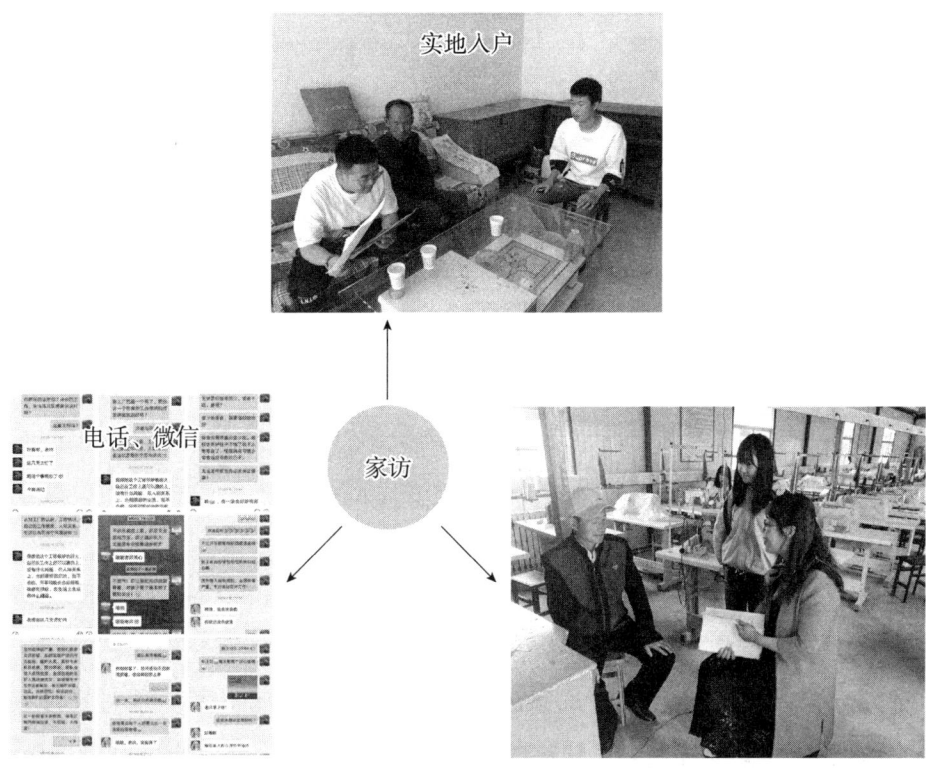

图3-27 传统家访与电子交互式家访相结合

6.探索出"谈、访、帮、查"的精准帮扶策略

在反复循环的家访实践中,探索出"谈、访、帮、查"(见图3-28)的精准帮扶策略。"谈",通过与学生、家长谈心,访谈班主任、任课教师,增进了解,建立友谊,掌握情况;"访",通过入户实地家访、电话、微信访问、邀请家长来校访问,深度交流,帮助家长转变观念、传递教育智慧,寻求致富门路,用情扶志;"帮",针对实际,帮助学生"立于德,精于能",促其成长,用心扶智;"查",查摆各阶段帮扶工作中的疏漏,及时改进调整。

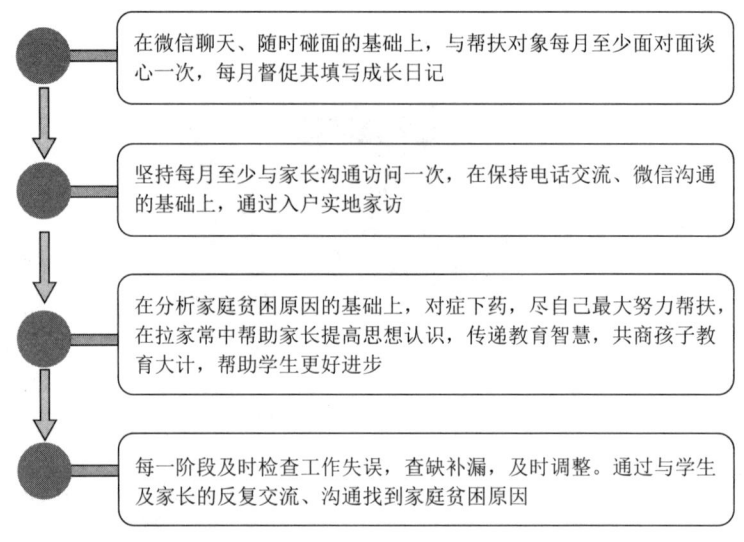

图 3-28 "谈、访、帮、查"的精准帮扶策略

7. 形成学校层面的精准家访方案,将家访工作制度化

通过实践,逐步完善精准家访实施方案,提交学校审议,通过后形成《平凉理工中等专业学校精准扶贫户学生家访工作方案》,使家访工作制度化、科学化、精准化。

(二)实施成效

1. 课题组探索形成的方案被学校采纳、推广

课题组经反复实践形成的《平凉理工中等专业学校精准扶贫户学生家访工作方案》,被学校采纳后,从 2019 级进校学生开始执行。一个教师固定帮扶三至四名学生到毕业,实行全程跟踪责任制,学生、家长反响良好。尤其是 2020 年寒假,作为校妇委会主任的课题负责人组织的全校女职工一对一精准帮扶——"'把爱送回家'寒假特别行动",受到了社会各界的高度赞誉。2020 年 3 月 6 日,微信公众号"泾川妇女"以"把爱带回家,师情浓似海——平凉理工中等专业学校妇委会'把爱带回家'活动纪实"为题进行了专题

报道。见图3-29。

图3-29 微信公众号"泾川妇女"相关报道

同年6月30日，泾川县委宣传部公众号"文明泾州"对课题研究成果，以"精准家访送爱到家"为题进行了专题报道。7月5日，泾川县教育局公众号"泾川教研"对比进行了专题报道。见图3-30。

图3-30 微信公众号"文明泾川""泾川教研"相关报道

2. 课题组探索并实施的一对一全程跟踪责任制家访，成效显著

自2018年11月，精准家访对象确定后，课题组成员经反复实践修正，构建形成"两调查、六循环"的家访模式，探索出"谈、访、帮、查"的精准帮扶策略，对确定的17级服装班祝某、18级服装班景某、18级汽修（1）

班牛某、17级机电班张某、17级工业类高考班王某、17级汽修（2）班吕某6名精准家访对象实行一对一全程跟踪责任制，从思想、学习、生活、家庭各个方面全方位跟踪研究，用心扶智，用情扶志，6名学生均有不同程度的进步。王某2019年1月获平凉市中等职业学校学生技能大赛"网络搭建及应用"项目三等奖，12月获第七届"博导前程杯"全国电子商务运营技能竞赛甘肃赛区中职组"网店运营"赛项二等奖，多次月考成绩稳居本专业前五；2018年12月，在学校第六届学生技能大赛中，祝某、王某获二等奖，吕某、张某获三等奖；牛某2019年6月获学校"最美孝心少年"称号，9月获"学习成绩优秀学生""优秀学生干部"称号，学习成绩晋升为全班第一；景某2019年9月获"学习成绩优秀学生"，2019年12月获学校第七届科技创新大赛手工制作二等奖，2020年1月获平凉市职业院校学生技能大赛"服装设计与工艺"项目二等奖；在学校篮球比赛、趣味运动会等活动中，6名学生都能积极参加，4人获奖。张某、祝某、景某的毕业设计作品在职教活动周上展出，受到群众好评。17级就业的3名学生除张某因病离职回家看病外，祝某（服装企业）、吕某（汽车制造业）月工资分别平均在3800元、4500元左右，入职的第三个月祝某就领到4800元，吕某则为5400元，祝某父亲说去年孩子给他10000元，剩余的自己存着。达到了就业一个学生，造福一个家庭的目标。祝某也因爱岗敬业、吃苦耐劳获泾川县2020届毕业生求职创业困难补助。祝某父亲微信上说："孩子能有今天的成绩，多亏你们教师的教导，我们村的乡亲们很羡慕，也想让他们的孩子报职中。"

在帮扶对象取得成绩的同时，被帮扶家庭也有一定改善。祝某母亲因患严重风湿病，处于半瘫痪状态；牛某单亲家庭，缺乏母爱；吕某留守学生……面对各种各样的困难和问题，课题组成员从思想、物资各个方面帮扶帮助。景某父亲因妻子强行离婚心理受挫，精神状况时好时坏，课题组聘请我校国家二级心理咨询师李老师去景某家中，给她父亲做心理疏导，帮扶教师教会他使用微信，通过微信谈心，帮其克服心理障碍。孩子反映，2019年6月至今，父亲犯病次数明显减少，忙时跟着爷爷干活、闲时玩微信，不再一个人发呆或出现异常举动；张某父亲、爷爷都患糖尿病，他自己也有迹象，上大学的哥哥也因一次车祸而失去了一个手指，疾病让这个本就贫困的家庭雪上加霜，课题组成员积极捐献衣物，脱老师还帮其母亲找了份家政服务的工作。张某妈妈由衷地说："谢谢老师一直以来对我们和孩子的关心，还帮我联系找了份家政服务的工作，这增加了我们家庭的收入，特别感谢！"王某是重组家庭，父亲因病去世欠下了巨额债务。继父和母亲长年在外打工，家里只剩他和妹妹，兄妹俩周末去姥姥家暂住，是典型的留守学生。家访时当询问他最大的理想是什么时，17岁的小伙子忍不住哭了起来，哽咽着说他的理想是家长能参加一次自己的家长会……家访老师把孩子的心声告诉家长时，继父很着急，表示他要克服困难，和孩子妈妈参加下一次的家长会，同时继父告诉家访老师，孩子对他不理不睬，他自己很为难，得知这些情况，帮扶教师从学习、生活上悉心照顾王某，将自己与继父的微信聊天记录转发给孩子看，引导孩子了解继父，接纳继父。慢慢地孩子想明白了，逐渐放下了对后来"侵占"父亲领地的继父的敌意，主动与继父聊起了微信，孩子的变化让继父欣喜若狂，对家访老师连连表示感谢。微信中说："谢谢你们对他的帮助和教导，他一天天懂事了、长大了，我们很高兴。"

3. 课题研究过程中课题组成员的研究能力和综合素养也得到不断提升

在本课题的研究过程中课题组成员积极参与研究，各显其能，出谋划策，推动课题研究工作有序进行。随着课题研究的深入，课题组成员的研究水平也在不断提升。王静撰写的论文《精准家访，送爱到家——浅谈精准扶贫背景下的精准家访策略》刊登在省级学术刊物《现代职业教育》2020年第5期。郭宏亮撰写的《阳光总在风雨后，家校共筑——何彦飞的学习成长之路》获甘肃省家庭教育优秀案例三等奖。邵禹铭撰写的《质朴农家人，精育四朵花》

获泾川县家庭教育优秀案例三等奖。黄涛、郭宏亮参与的市级课题通过验收。赵银娟主持，雷莹莹、邵禹铭参与的市级课题通过验收。

五、研究中存在的问题

1. 课题组成员的理论素养有待提高

在课题研究实施过程中，通过对精准扶贫、教育精准扶贫等政策的深入学习和对课题研究有关理论的学习，丰富了自身的理论素养。但随着对课题研究的不断深入，课题组成员越来越感觉到理论知识的缺乏，对政策的理解，对课题研究的程序、思路、方法还存在一定的局限性。中期总结后，虽然成员们的学习水平得到了进一步提升，但研究水平有限，思维仍然不够开阔，研究的深度、广度仍然不够。

2. "社会、家庭、学校、学生"四位一体的合作育人模式还未真正建立

本课题研究过程中，因多种原因未能按照预定计划与乡镇、村委会有效联系，合作帮扶，仍然停留在"家庭、学校、学生"三位一体的合作育人层面，未能真正实现"社会、家庭、学校、学生"四位一体的合作育人格局。

3. 基础资料的收集整理有待充实

对课题资料的收集还不够充分，尤其是访谈过程多数在聊天中进行，记录资料不足，图片资料的收集虽然不少，但一些环节图片资料不全，视频资料较少。

六、今后的研究设想

进一步加强国家政策、课题研究理论学习，加强典型案例的学习，拓宽视野，提升课题组成员思想境界和学术视野，在分析存在问题的基础上，改进研究方法，提高课题研究的实效性。

围绕本课题的研究，进一步完善家访模式，建立家访工作有效性评价标

准,健全家访工作长效机制,并做好课题研究各方面的记录和整理工作。

开展课题交流研讨会,发挥教师群体自主教研作用。认真总结课题研究中积累的经验,反思存在问题,不断改进提升。

着力落实"学生、学校、家庭、社会"四位一体育人机制。想方设法与乡镇、村委会等联系,加强交流合作,真正落实"学生、学校、家庭、社会"四位一体育人机制。

课题结题不是结束,而是新的开始。课题组将继续做好精准家访对象的后续跟进工作,注重研究学生就业后的发展。

路漫漫其修远兮,我们将不懈求索……

4. 学生脱贫案例

4.1 在汗水和坚持中实现人生梦想
——记 2007 级数控技术应用专业毕业生刘东

刘东，见图 4-1，我校 2007 级数控技术应用专业学生，2010 年在泾川县中山街创办了刘东手机维修店，现生意兴旺，经营良好。他在顾客的满意与好评中实现了自己的人生价值。

图 4-1 刘东

2007 年 9 月，刘东带着中考失利的失意和对未来的迷茫踏进了泾川县职业教育中心的大门。经过一段时间的学习,他对自己所学的专业有了了解,对学习内容也产生了浓厚的兴趣。在陌生复杂的实训设备前他暗下决心,一定要勤学苦练,掌握专业技能,在这里实现自己的人生梦想。于是在学校,他充分利用一切可以利用的时间,在别人玩耍时,他在教室努力学习专业理论知识;在别人休息时,他在实训室苦练专业技能,努力提高自己的专业水平。功夫不负有心人,经过不懈的努力,他脱颖而出,2008年因成绩突出、表现优异,被学校评为"三好学生"。同年代表学校参加了甘肃省中职学生技能大赛,并取得了优异的成绩。2009年3月,他被学校派往天津参加全国技能大赛,虽然没有取得名次,但他熟练的操作、精湛的技术,给评委们留下了深刻的印象。

在学校期间,他先后担任班长、学生会干部,热心为同学服务。他严格要求自己,在学生中充分发挥班干部的模范带头作用,积极组织同学参加学校举行的各种活动,热心真诚帮助同学们解决学习、生活上的困难。他的这些表现,老师和同学们都看在眼里,记在心里,得到了大家的一致好评,2009年,他被学校评为优秀学生干部。他担任班长、学生会干部的这些经历,铸就了他好学上进、认真细致、善于和他人沟通的良好品质,为以后人生的发展奠定了良好的基础。

2009年,他和同学一起到天津钟表厂实习。在实习期间,他工作积极主动,虚心向厂里的老员工请教学习,努力把学校所学的理论知识和生产实际相结合,专业技术能力取得了很大的提升。

然而,天有不测风云,在2009年年底,由于皮肤过敏,他不得不离开实习单位,返回家中进行治疗,同时又做了腿部的软骨去除手术。由于身体的原因,他不得不放弃了心爱的数控专业。

在病魔的折磨和事业的挫败面前,他并没有被击倒,而是去积极寻找新的出路。他通过一段时间的观察和认真研究分析,认为随着社会的发展,手机将是人们生活中必不可少的通信工具，手机维修将是一个非常具有发展潜力的行业。认定了发展方向之后，他立即拜师学艺。职业教育培养的扎实深厚的技术功底和他虚心刻苦的学习态度，使他进步很快，在短时间内掌握了手机维修方面的知识和技能。在2010年初，在亲友的帮助下，他筹集3万多元，独立开办了刘东手机维修店。

刘东在维修手机的过程中，他凭着自己热情的服务态度、精湛的维修技术，赢得了顾客的好评。他在修理手机的同时，还主动叮嘱顾客手机使用过程中的细节，以免顾客因操作不当而造成手机损坏。他的这种热心服务的意识，得到了顾客的好评。很快，他在县城手机维修行业中有了名气，找他修手机的人越来越多，很多人在手机有问题后，专门找他来维修，手机维修店的生意也越来越红火，效益也越来越好。

在一部部手机修好之后，在顾客的满意笑容中，他真正体会到在这里也能实现自己的人生价值，也能实现自己的人生梦想。他经常说，是泾川县职业教育中心的学习生活，实现了他的梦想、成就了他的人生。在学校他不仅学到了扎实的专业知识，而且还练就了过硬的本领，铸就了对学习的刻苦认真、对技术的严谨细致、对待他人的热情关爱等优良品质，这是他人生中最大的财富。

面对日益激烈的同行竞争，他开展了多种经营。在继续手机维修业务的同时，他还兼营品牌手机的销售与售后服务、手机配件的销售等多种业务，扩大了经营的范围，提升了效益。短短几年，他的手机维修店有了很大的发展，现在他不仅还清了开店时的借款，而且手机店的资产超过了60万元，年利润超过了10万元。

他的事业刚刚起步，他的路还很漫长，我们相信，坚毅而自信的刘东，在今后的创业中，无论遇到什么样的困难，他都会一如既往努力去克服困难，在种种磨砺中实现自己的人生价值，开创出一片属于自己的辉煌天地。

4.2 昔日职教起航，今朝职场圆梦
——记 2008 级机电技术应用专业毕业生姚亮

姚亮，见图 4-2，男，生于 1992 年 2 月，泾川县城关镇杨柳村人，系我校 2008 级机电技术应用专业学生，现为大金空调（上海）有限公司 R5 配料场组长。

图 4-2　姚亮（右一）

2008 年 8 月，姚亮来到泾川县职教中心，选择了机电技术应用专业进行学习。通过学校的入学教育和班主任老师的开导，他积极调整中考落榜的失意心态，以全新的姿态投入学习中。在校期间他不断提高自己的思想觉悟，遵守校纪校规，尊敬师长，团结同学，善于思考，不断改进学习方法，刻苦学习专业技能，积极参加学校组织的各项活动，综合素质提升较快。

2010 年 4 月姚亮进入大金空调（上海）有限公司实习，他不怕苦，不怕累，虚心学习各项专业技能，全面掌握了岗位所需的操作技能，但他并不满足，主动跟着厂里师傅学习钎焊技术，2011 年 6 月取得金属焊接切割证，2016 年钎焊等级达到 A 级（取得金属焊接切割证方可从事钎焊工作，A 级为

钎焊高度熟练技能水平)。工作中,他在做好自己工作的前提下,能积极主动帮助其他同事做好生产线的工作,得到领导的一致好评和员工的称赞。他深知,只有不断学习,不断锻炼自己、充实自己,更新自己的知识结构,才能更好地做好本职工作;要想比别人生活得更好,就要有更多知识技能的积淀,他始终没有放松对专业知识的学习。由于他业务精良,能力突出,先后担任机动班班长、A1 线班长、R6 配料场班长等职务。2015 年 2 月,因工作业绩突出,他被公司选派到日本大金总部研修一年,研修归来后,2016 年 5 月姚亮被晋升为 R5 配料场组长,现在月收入 1 万元以上。

姚亮后来赴日本大金总部研修,他认真踏实的工作作风,对知识的执着追求和精湛的专业技能,给日本大金总部的培训老师留下了深刻的印象。当他赴日本培训的消息传回学校时,全校师生都深受鼓舞,原来这里毕业的学生也能如此优秀,也能走出国门。他的事迹,为以后学生树立了奋斗的榜样。

善于磨炼自我,是他潜在的优势;敢于挑战自我,是他内在的价值;善于超越自我,是他宝贵的潜质。我们衷心希望他能继续坚定信念,锤炼品质,增长才干,在学习实践中提高技能,在塑造品格中增强素质,为自己的未来和母校的明天增添更加灿烂辉煌的色彩。

4.3 在不断奋斗中前进

——记 2008 级机电技术应用专业毕业生孙永哲

孙永哲,见图 4-3,男,泾川县党原镇柳寨村人,生于 1991 年 4 月,系我校 2008 级机电技术应用专业学生,现为大金空调(上海)有限公司制造五课钣金车间组长,目前月收入 1.2 万元以上。

2008 年 7 月,正当中考失利的孙永哲对自己的前途感到迷茫时,他遇到了泾川县职业教育中心的招生老师,老师向他详细介绍了职教中心的情况,他感到上职中或许是一个正确的选择。报名那天,他在父亲的陪同下,带着一脸稚气和胆怯来到泾川县职业教育中心报到。当他走进校门后,映入他眼帘的是鲜花盛开的大花园,高大雄伟的教学楼,规划整齐的宿舍楼,而同学们那灿烂的笑容、老师和蔼可亲的态度更使他感到了职教中心大家庭的温暖。通过一段时间的学习,孙永哲变得大方、热情、开朗起来。在学习上,他踏实、勤奋、用功,他把书本和实训机器当成自己最亲密的朋友,每天都在钻研机电技术应用专业知识。在课余时间,他还涉猎机电技术应用专业的最新研究成果。此时的他,正默默地为自己定下奋斗目标,规划着自己美好的职业生涯。

图 4-3 孙永哲(右一)

2010年4月,他被学校推荐至大金空调(上海)有限公司实习。在公司里,他借助自己扎实的专业知识,虚心向公司的老员工请教,苦练技能;下班后,自己还钻研技术难题,逐渐地,他从一名普通员工变成了公司的技术骨干,受到了公司领导的一致好评。2017年被公司选派到日本大金总部研修,现担任制造五课钣金车间组长,月收入1.2万元以上。

在新的工作岗位上,孙永哲继续发扬吃苦耐劳、努力奋斗的精神。他虽然现在收入比较可观,但并不满足于现状,他还要通过自己的不懈努力,让家人过上更好的幸福生活!希望他带着自己无悔的选择在人生的道路上越走越好。

4.4 职业教育,让她从这里放飞梦想
——记 2008 级机电技术应用专业毕业生张改霞

张改霞,见图 4-4,女,泾川县汭丰乡郑家沟村人,我校 2008 级机电技术应用专业学生,2010 年进入大金空调(上海)有限公司实习,曾任公司人文关怀小组专员,现她在银川成功创业,经营一家火锅店,生意兴隆,年收入近 30 万元。

图 4-4 张改霞

张改霞来自泾川县的一个贫困乡村,家庭经济十分困难,父母长期在外打工,她在家里和爷爷奶奶相依为命,家庭经济条件差。但是对她来说,贫穷从来都不是止步不前的借口,也不能消磨她努力向前的意志。2008 年 9 月,

她揣着父母的期望和嘱咐,怀着满腔的求学热情来到泾川县职业教育中心。虽然家里的经济情况使得她面临进退两难的尴尬境地,但她坚信知识改变命运——只要坚定信念,志存高远,勤奋好学,遇到困难不退缩、不放弃,通过自己不懈的努力,最终一定能实现自己的梦想。但是学费的压力,使她对未来充满了迷茫。学校根据国家的资助政策和她本人的在校表现,给她评定了国家助学金。于此,她的求学之梦有了一定的保障。国家助学金,带给张改霞的不仅是物质上的帮助,更是精神上的鼓励。它犹如一缕春风,吹散了笼罩在张改霞心头的阴霾,使她重新拾起了对生活、对未来的信心和希望。在求学的路上,她特别珍惜来之不易的学习机会,坚持"不懂就问,不会就学,学而不厌"的学习精神,在课堂上努力学习专业知识、苦练专业技能,课外积极与老师、同学交流,踊跃参加学校组织的各项活动,充分利用一切机会锻炼自己的组织能力和社交能力,以适应社会发展的需求,回报父母、报效祖国。短短两年的在校时间,她先后取得了本专业多种技能等级证书,也在省市各级技能大赛上取得了优异的成绩。

2010年5月,经学校推荐,张改霞到大金空调(上海)有限公司实习。第一次从西部偏僻落后的农村来到大都市的张改霞,面对都市的高楼大厦和人潮汹涌,难免产生了沮丧放弃的念头,可是一想到贫困的家境和对未来的美好憧憬,她又鼓起来勇气。淳朴执着的追求、任劳任怨的作风,加之在校所学的专业技能,使她很快成了空调压缩机生产线的技术能手,多次得到车间负责人及各级领导的好评。2012年5月,张改霞调到该公司人事部,担任人文关怀小组专员。她怀着"滴水之恩,当涌泉相报"的想法,积极关怀刚走出校门、步入企业的学生,带领他们熟悉工作生活环境,熟悉公司的规章制度,并帮助他们解决生活、工作中所遇到的困难。她多次应学校邀请,回到母校以自己的亲身经历和切身体会为学生做宣传20场次,为我校的发展作出了自己力所能及的贡献。

2015年，她因结婚而辞职，婚后在银川开了一家火锅店，结合在大金的工作经验，她采用企业的先进管理理念，严把食品的质量关，注重品牌效应，店里优雅温馨，环境整洁，菜品丰富，服务周到，使每个顾客都有宾至如归的感觉，得到了新老顾客的好评，因此生意越做越大、越来越红火，每天客流量如织，尤其在周末、假期的时候，想要在她店里吃饭还得提前预约。现在每天的营业额都在1万元以上，年纯利润达30多万元。

家庭的困境培养了她自立自强、勤俭节约、不怕挫折、热爱生活、乐观向上的优良品质，同时她也把生活的艰辛转化为不断拼搏的动力，时时以高标准要求自己，妥善处理学习、工作和生活之间的关系，以积极向上、昂扬奋进的姿态迎接生活学习中的挑战。万丈高楼平地起，正是职业教育给了她事业腾飞的翅膀，更给她提供了实现梦想的平台，使她能展翅飞翔，唯愿她将来能越飞越高。

4.5 技能成就精彩人生

——记 2011 级焊接技术应用专业毕业生胡勇

胡勇，见图 4-5，男，泾川县王村镇徐王村岳山社人，我校 2011 级焊接技术应用专业学生，2013 年参加实习，现在浙江省宁波永发集团公司从事焊接工作，并担任班长职务，月薪 1 万元以上。

2011 年 8 月，胡勇同学带着失落的心情踏进了泾川县职业教育中心校门，通过老师对学校各专业的介绍，他决定选择焊接技术应用专业学习，并立志要当一名合格的"钢铁裁缝"。他学习目标明确、学习态度端正，不怕弧光的辐射、不怕焊接飞溅的滚烫，他笑称自己学习的是"令人眼前一亮的技术"，看到的是"焊花无限"。在校学习的两年时间里，他吃苦耐劳，焊接技能突出，顺利考取焊工中级国家职业资格证书。同时，他诚实守信，团结同学，尊敬师长，积极参加班级各项活动，给学校的老师留下了深刻的印象。

图 4-5　胡勇

2013年5月，胡勇同学被安置在浙江省宁波永发集团公司就业，主要从事保险柜、枪柜等安防产品焊接工作。他虽然在学校很优秀、技术很好，但在企业产品生产中，无论数量还是质量，都远远赶不上企业生产的要求。怀着不甘落后的想法，他服从管理、虚心学习，经常牺牲休息时间，坚持苦练技能，他一坚持就是一年零七个月。功夫不负有心人，如今他的个头长高了、皮肤白净了，焊接技能也炉火纯青了，这一切的努力取得了同事的信任，更得到了上级领导的肯定。

2015年1月，他晋升为焊接车间副班长，见图4-6，2018年晋升为班长。他坚信只要肯吃苦，就能取得好成绩，自己就能多挣钱，就能让自己的亲人日子过得舒坦一些。他这朴素的追求，鼓舞着他不断地前行。他对副班长的理解是"要比一般员工付出更多，要有责任心，能够团结他人，完成生产计划"。他常说："现在同事信任我、领导重视我、工资待遇好，我的每一天都很充实！"

正是这种坚持、执着的工匠精神，使他不断成长；正是这种实践的历练使他爱岗敬业、孝顺长辈，社会责任感不断增强。

图 4-6　胡勇在焊接车间

胡勇同学是平凉理工中等职业学校众多优秀毕业生中的一个，具有代表性与典型性，是学校德育、职业素养、专业理论与专业技能教学成果的生动例证。

4.6　职业教育成就出彩人生

——记 2013 级汽车运用与维修专业毕业生常天云

浙江吉利汽车有限公司春晓基地总装车间，有一位头戴红色安全帽、身着橘黑色相间工作服，皮肤黝黑，神色坦然的西北小伙子，他来回穿梭在工位之间，细心认真地指导工友，履行着班长和小师傅的职责。他就是毕业于泾川县职业教育中心汽车运用与维修专业的常天云。

崇尚技能，选择职教

2013年7月，那个充溢着梦想的季节，泾川县窑店镇南头湾村15岁的少年常天云离开了培育自己三年的母校，以较为理想的成绩拿到了普通高中录取通知书，面对那张鲜红的录取通知书，他的心里憧憬着儿时就根植于心底的大学梦想。在回家的路上，他的心情越来越沉重。面对自家几欲倒塌的土瓦房、颓败萧索的院落和周围的新楼房，衰老消瘦却终日不得喘息的父母，正在读大学的哥哥以及捉襟见肘的家庭经济状况……这一切，压得他喘不过气来，何去何从？自己的人生道路该如何走？他犹豫过、徘徊过、迷惘过……

报名的日子越近，家里的愁云越浓，虽然父母反复强调即使砸锅卖铁也要供他上高中，可他知道这对于自己的家庭来说无疑是雪上加霜，如果自己选择上普通高中，父母亲身上的负担会更加沉重。如何选择一所适合自己的学校是他当前的头等大事。

就在这时，他想起了中考前校园内泾川县职业教育中心的宣传牌，上面介绍了该校的基本情况、专业设置、办学特色、国家资助政策及毕业生就业前景，对他的触动很大，尤其是就业明星中还有和他同村的小伙伴，虽然没有上大学，可他们也一样学到了技术，凭本事帮助家里走上了致富路，有的家里还盖起了小康屋。更重要的是中职不仅免学费，每年还有补助，两年后还可以进企业带薪顶岗实习，这样既能学到一技之长，还可以为父母减轻经济负担。

就这样，带着一份期盼，一份责任，站在人生第一次重大选择的路口，常天云毅然选择了平凉理工中等专业学校。

勤学苦练，德能并举

进入学校后，在老师的耐心讲解和帮助下，常天云选择了汽车运用与维修专业，立志在汽车行业闯出一片天地。在学校里，老师向他介绍了汽车行业发展历程及趋势，帮助他分析将来的就业前景。通过听取本专业就业明星的讲座，他充分认识到汽修专业广阔的发展空间，从而对所学专业充满了信心，也更加坚定了立足中职校园、努力学习、苦练技能、改变家庭贫困面貌的决心。

在学校里，常天云将全部精力都放在努力学习知识、提升专业能力上。他思想积极向上，学习勤奋努力，团结同学，乐于助人，热爱集体，乐于奉献，勇于拼搏，时时刻刻把学校、班级的利益放在首位，处处为他人着想，很快就在班级和学校的各项活动中脱颖而出，被同学们选为班长，成为老师的得力助手。学校组织的各种比赛、演出活动，他都积极参与，为班级赢得了多项荣誉，在不知不觉中提升了班级凝聚力。他积极向上、乐于助人的品格影响了周围的同学，获得了大家的尊重和支持。

在家里，常天云更是一个体贴孝敬的好孩子。每到周末放假，他总是按时回家，帮助父母做家务。生活中，常天云朴素节俭，经常利用寒暑假去做兼职，以减轻家里的经济负担。

在学习中，除了努力学好本专业的理论知识外，常天云还把大部分精力和时间都用在了专业技能的训练上，虚心向老师求教，反复琢磨，强化训练，几乎每天都是在实训室中度过，一学期后，他的专业技能提升很快，先后获得了2014年平凉市技能大赛三等奖、校级技能大赛一等奖、优秀班干部等多项奖励。他还经常利用课余时间到学校阅览室和图书馆，深入学习了解汽车运用与维修的专业知识，并积极参加校内外各种社会实践活动，初步具备了汽车保养、汽车修理、汽车故障诊断等专业能力，顺利取得了汽车修理中级工技能等级证，为自己进入汽车行业拿到了通行证。

当2015年浙江吉利汽车有限公司招聘人员来校面试时，他以良好的综合素质和出色的专业技能被吉利公司春晓基地录用。

化茧成蝶，放飞梦想

带着一份憧憬与梦想，迈着坚实的脚步，2015 年 8 月，常天云第一次走进了浙江吉利汽车有限公司春晓基地，被安排在总装车间，从事汽车组装工作。

进入企业后，常天云严格遵守公司的各项管理制度，把主要精力都放在了工作上，凭借扎实的专业功底和虚心好学的精神，很快就适应生产线的工作。一个月后，拿到了人生第一笔收入——人民币 3580 元，当其他同学在用第一个月的收入为自己购买衣物、手机等物品时，他却首先想到了父母的艰辛，他只给自己留了很少一点的生活必需费用，剩下的全部寄给了父母亲。

半年后，他熟练掌握了生产线工作流程和操作要领。在完成自己工作任务的同时，他还主动帮助其他同学提高技能，吃苦耐劳的精神和出色的表现使他得到了同事的认可和领导的信任。2016 年 7 月，他顺利结束了生产实践和顶岗实习，毕业后直接被公司录用为正式员工，5 个月后被提拔为生产线班长，成为公司的管理者。薪资也由初入职时的每月 3000 多元增长到 1 万元左右。

有了他每年的收入，家里的经济条件一下子得到了很大的改善。在他的帮助下哥哥也顺利地完成了大学学业，找到了满意的工作，常天云还资助哥哥 8 万元在城里买了楼房。2017 年，在党的精准扶贫政策的扶持下，他的家里盖起了小康屋，添置了新家具，各类电器一应俱全，家庭面貌发生了巨大变化，成了职业教育助推精准扶贫的受益者。他的经历也正是很好地诠释了"掌握一门技术，致富一个家庭，成就一个梦想"的职教核心理念。

雾霾散尽，阳光普照，在脱贫致富的路上，这个家庭走在了最前列。

凤凰涅槃，3 年的职教路撑起了常天云浴火重生后振翅高飞的梦想；鲲鹏展翅，执着的泾职人扛起了新时代精准扶贫的猎猎大旗。相信在未来的职业生涯中常天云会越走越远,越飞越高。在新时代职教扶贫的艰辛历程中,泾职学子的步子也定会越迈越稳,越走越快。

4.7 技能培养自信,勤奋成就梦想

——2014级机电技术应用专业毕业生张淑霞

张淑霞,见图4-7,女,家住泾川县丰台乡张观察村巷行社,系我校2014级机电技术应用专业学生。该生于2014年9月进入我校机电技术应用专业学习,2016年5月被安置到大金空调(上海)有限公司顶岗实习,现为大金空调(上海)有限公司制造管理课办公室文员,月工资在4500—5000元。

图4-7 张淑霞

2014年9月,张淑霞带着中考失利的气馁和对未来的迷茫踏进了平凉理工中等专业学校大门。经过半学期的学习,她对自己所学的专业有了初步了解,对学习也产生了浓厚的兴趣。在陌生复杂的实训设备前她暗下决心,一定要勤学苦练,掌握专业技能,在这里实现自己的人生梦想。经过老师的精心教育和自己的努力,她取得了很大的进步,性格也变得开朗了,人也活泼

了，她还被推举为学生会主席，2015年在全市市级技能大赛中获得二等奖，并且多次受到学校的奖励，这些为她以后在实习就业中的优异表现奠定了坚实的基础。

2016年5月，张淑霞被安置在大金空调（上海）有限公司顶岗实习，经过公司系统的培训，进入R5流水线从事电装品装配工作。工作中，她深刻体会到读万卷书不如行万里路的道理——虽然有了在学校学习的理论知识，但熟练的技术还是要从实践中磨炼。于是，她继续发扬在学校养成的刻苦钻研精神，虚心向他人请教，利用别人休息等空余时间，苦练技能，努力提高自己的专业技能和操作水平，用辛勤的汗水，换来了技能水平的提高。同时，她还组织一起实习的其他学生也积极参加学习，共同提高操作能力。在工作之余，她积极关心一起实习的同学，帮助其他同学调解由学生转向企业员工的心理变化，以及远离家乡、远离亲人的孤独情绪。有一次，一位同学不慎在工作中受伤，她得知后，立刻到医院去看望，嘘寒问暖，晚上放弃自己的休息时间，主动陪护，由于她的精心照顾，那位受伤的同学提前得到康复，更早地回到了实习工作岗位。她刻苦认真、积极上进、团结同学、关爱他人的举动，得到了公司同事和领导的一致好评。2016年8月她被调到公司制造管理课办公室担任文员。2016年12月和2017年10月，她两次回到学校，向在校学生分享自己的成长经历和工作收获，并鼓励在校学生认真学习、提高专业技能，为将来的实习就业做好准备。

她在工作中还自觉锻炼各方面的能力，比如交际能力、组织能力等，个人的综合素质得到了很大提高。一年多的工作，时间不长，但她体会甚多，明白并实践了"要做就做最好"的道理，学会了与人沟通，树立了自信心，克服了自己胆怯的心态，并虚心学习，不耻下问，工作中不断地丰富知识，不管工作和生活条件有多么艰苦，她都会去坚强面对，去勇敢挑战，磨炼自己的意志，使自己迅速成长！

此刻，她站在新的起点，新的征程即将开始，机遇和挑战并存，面前的路可能宽阔平坦，也可能荆棘丛生，但是她说自己有足够的信心迎接新的挑战。在工作中她说自己要继续努力学习，总结积累实践经验，有意识地锻炼自己，并且及时反思、改正不足，虚心向有经验的同事学习，学以致用，努力取得更加显著的工作业绩，让母校因自己而光荣。

4.8 职业教育，阻断贫穷

——记 2014 级电子电器应用与维修专业毕业生崔小红

崔小红，见图 4-8，男，泾川县太平乡四郎殿村人，生于 1997 年 6 月，系我校 2014 级电子电器应用与维修专业学生，现为大金空调（上海）有限公司制造管理课改善场员工，月工资 1 万多元。

图 4-8 崔小红

出生在山大沟深、土地贫瘠、经济困难的太平农村的他，深知只有好好读书、学得一门好技术才是自己唯一的出路，才能给自己拮据的家庭带来曙光，为父母减轻生活的负担。进入泾川县职业教育中心后，他对自己所选的电子电器应用与维修专业有着浓厚的兴趣，不断去挖掘其中的奥妙，课堂上认真听讲，课后积极向老师提出疑惑，一有时间他就待在实训室，进行实践操作训练，使自己所学的理论变为技能。他的这种吃苦耐劳的精神得到了任课老师和全班同学的一致好评，得到了校领导的表扬，也为其他同学树立了学习的榜样。在 2014 年 10 月，被选入大金冠名班，其间，崔小红学习刻苦认真，积极参加学校组织的各项活动，他尊敬师长，团结同学，各门功课成绩都很突出，实训操作能力也很强，是一名品学兼优的学生。2015 年 4 月，他获得了大金冠名班特等奖学金。2016 年 4 月参加甘肃省中等职业学校学生技能大赛，取得制冷设备组装与调试项目一等奖。

2016 年 4 月，崔小红被学校推荐至大金空调（上海）有限公司顶岗实习，由于他虚心好学，技术娴熟，2017 年 8 月转为制造管理课改善场的一名正式员工。通过自学，他在 2018 年 8 月取得金属焊接切割证。由于他工作认真、专业技能突出，2019 年赴大金日本总部研修。

虽然他现在取得了不俗的成绩，但他并不满足，还在不断地努力学习新业务，力争使自己能有一个更好的明天，也能使自己的家人过上小康生活。

4.9　天行健，君子以自强不息

——记 2015 级机电技术应用专业学生千小涛

千小涛，男，生于 1998 年 12 月，我校 2015 级机电技术应用专业学生，现就职于大金空调（上海）有限公司，为车间技术骨干。

千小涛出生在泾川县太平乡一个偏僻的农村家庭，这里自然条件差，交通不便，经济落后，父母只能无奈地过着"面朝黄土背朝天"的农耕生活，家庭经济拮据。2015 年中考结束后，他放弃了其他同学羡慕的上高中考大学的宝贵机会，选择了免除学费还有助学金奖学金的泾川职业教育中心。他深知,贫困的家庭无法支撑自己顺利完成学业,与其这样,不如选择学习一门技术,早日工作,早日赚钱,减轻父母的负担,改变家庭贫困的面貌。

进入职中后,他选择机电技术应用专业进行学习,他深知只有努力学习,掌握丰富的专业知识和过硬的专业技能才是自己将来安身立命的基础,才是走出农村、摆脱贫困的根本。于是,一向坚强的他,用坚实的行动来完成自己的愿望。晨曦中,有他早读的身影;灯光中,有他看书的专注;实训中,有他辛勤的汗水。他的勤奋上进、刻苦学习,得到了老师的充分肯定和赞扬,班主任号召全班同学都以他为榜样,向他学习。因他的优异表现,学校将他选拔到大金冠名班中,让他能提前接触到企业文化,接受冠名企业专家来校的专业技能培训,为将来的快速适应企业生产生活奠定基础。在校的两年,他的刻苦努力获得了丰厚的回报。他多次被评为"三好学生",在学校组织的技能大赛中也取得了第二名的好成绩,并多次获得冠名班奖学金的奖励。

2017年5月,他被学校安置到大金空调(上海)有限公司顶岗实习。初次来到大城市的他,暗下决心,一定要争取到一份工作,闯出名堂。面对陌生的环境和辛苦的工作,他没有灰心丧气,而是将全部精力投入到工作中去。当别人下班玩手机打游戏时,他摊开课本,寻找解决工作难题的方法;当别人喝酒闲聊时,他虚心向车间的老员工请教,吸取他们的工作经验。他的这种钻研精神,使他快速成长为车间的技术骨干,得到了同事的好评、领导的肯定。

在生活中,他勤俭节约,艰苦朴素,很少买新衣服穿,吃的都是极其普通的饭菜。每月发工资以后,他没有像其他学生一样尽情挥霍,而是在留够维持自己简单生活的费用后,将剩余的钱全部寄给父母,减轻他们的负担,改变家庭的面貌。短短的一年时间,他先后为家里寄钱3万多元,极大地改变了家庭经济拮据的现状。

一个人的出身和家庭是无法改变的,但你可以改变自己的命运。路,就在自己的脚下，就看你怎样去走。相信只要有信念，办法总比困难多。路虽远，行则必近；事虽难，做则必成。这是对他最真实的写照，也是对他人生价值的最朴素诠释。

4.10 乐于工作，甘于奉献

——记 2015 级电子电器应用与维修专业毕业生史良

史良，见图 4-9，一名性情直爽的男孩，怀着"学得一门技术能尽快脱贫致富"的理想，2015 年 9 月进入我校学习电子电器应用与维修。

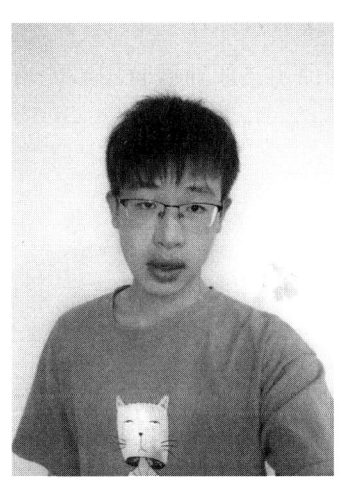

图 4-9　史良

史良心中明白，只有努力学得过硬的专业技能才能实现更大的人生追求。为此，史良凭借着吃苦耐劳的朴素品质，把主要精力都投入到专业技能的学习中去。功夫不负有心人，他经过两年的刻苦努力，不仅在所学的专业课上取得了优异成绩，而且为人处世也得到了同学们的认可。他还是一位兴趣爱好广泛的人，喜欢体育运动，经常打乒乓球、篮球。

2017年5月，史良所在的电子电器应用与维修专业就业班到了进厂顶岗实习的时候，他被安置到大金空调（上海）有限公司，成为制造五课的一名涂装上料员。上岗以后他努力适应工作环境，在工作中，他认真负责，踏实肯干，具有极强的责任心，保质保量地完成公司交给的各项任务。他的努力得到了同事和领导的认可，很快成了厂里的优秀员工。当他拿到了人生中第一笔工资4000元时，非常激动，这4000元对史良的家人来说也是沉甸甸的喜悦，对家人来说，这是职业教育改变了家庭贫困面貌的开始。

如今，一些家长依然抱着"考不上大学就没出路"的心态，殊不知，学历仅仅是敲门砖，技能才是护身符。史良正是利用自己在职业学校所学的专业技能，凭着自己的高超技术和努力，为自己撑起了一片蓝天，带动家庭致富。他的父母也没有想到泾川县职业教育中心能培养出这样有出息的孩子。他们说，上中职，这条路走对了！

附 录

附录1 《中共平凉市委办公室 平凉市人民政府办公室关于不断完善现代职业教育体系 努力打造西北职业教育高地的实施意见》

为全面贯彻落实党的十九大提出的"完善职业教育和培训体系,深化产教融合、校企合作"和市委、市政府加快发展现代职业教育的要求,根据市里主要领导要将全市职业教育打造成西北职教高地的指示,现就不断完善我市现代职业教育体系,努力打造西北职业教育高地提出如下实施意见。

一、指导思想

高举中国特色社会主义伟大旗帜,以党的十九大精神和习近平新时代中国特色社会主义思想为指导,全面贯彻党中央、国务院关于加快发展现代职业教育的决策部署及《甘肃省人民政府关于贯彻落实国务院加快发展现代职业教育决定的实施意见》,坚持服务发展、促进就业的办学方向,着眼区域经济社会发展和供给侧改革的需求,结合我市"政府推动、市场引导,统筹兼顾、服务地方,系统培养、多样成才,优化结构、形成特色,产教结合、校企合作"的现代职业教育体系要求,进一步加大改革力度,加快发展步伐,使职业教育与经济社会同步规划、同步发展,与经济新常态下产业结构升级、技术更新换代和大众创业、万众创新的时代需求更加契合,把我市职业教育办成"特色鲜明、甘肃一流、西北先进"的职教高地。

二、主要目标

到 2020 年，建成与平凉主导产业发展相匹配、与扶贫开发目标相适应、产教深度融合、专业设置合理、队伍素质过硬、办学特色鲜明、发展环境优化，符合平凉实际的现代职业教育高地。

——专业设置更加合理。立足平凉，面向市场，按照全市职业院校专业设置"有效互补，错位发展"的原则，动态调整专业设置，使职业教育专业体系与我市煤电、草畜、果菜、旅游四大产业更加匹配，与扶贫开发目标更加适应。深入推进校企合作、产教融合力度，健全行业企业与职业院校沟通合作机制，实现重点专业和重点产业的深度对接。

——队伍素质全面提升。全市职业院校师资队伍结构更加合理，素质不断提升，引进机制更加灵活。各职业院校具有研究生学历教师比例达到 15% 以上，具有实践经验的"双师型"教师比例达到 75% 以上，聘请的兼职教师有效满足专业发展需求。

——办学水平持续提高。全市职业院校办学条件达到国家规定标准，学校管理水平更加科学，办学特色更加鲜明，教育质量大幅提升，智慧校园应用更加全面，技术技能型人才竞争优势突显，东西部合作交流步伐加快，国际化合作办学有所突破，职业教育的办学吸引力和服务全市经济社会发展的能力显著增强。

——发展环境更加优化。现代职业教育制度基本建立，职业教育发展的政策法规落实到位，政府主导、行业指导、企业参与的机制更加完善，学校办学自主权不断扩大，多元化办学格局基本形成，社会人才观念显著改善，技术技能型人才的待遇和地位显著提高，支持和参与职业教育的氛围更加浓厚。

三、重点工作

（一）创新制度机制，打造政策舆论高地

1. 创新职业教育管理体制。树立"大职业教育"理念，成立平凉市职业教育改革发展领导小组，聘请职业教育顾问，统筹制定职业教育改革发展的相关规定和推进措施。市政府及各县（区）建立职业教育联席会议制度，理顺管理体制，明确政府及各部门职责，形成政府统筹、分口管理、上下联动、协调发展的新型职业教育管理体制。

2. 探索完善集团化办学路径。加大财政政策支持力度，充分发挥政府、社会、职业院校、企业在职业教育发展中的突出优势，通过集团化办学整合各种专业资源、实训资源、教师资源、研发资源、企业资源等，全面激发各类要素的能动性和主动性，促进职业教育持续健康协调发展。

3. 增强职业院校办学活力。扩大职业院校在人事管理、教师职称评聘、收入分配等方面的办学自主权，减少行政干预，逐步实现管、办、评分离，在全市建立服务职业教育的绿色通道，激发学校办学活力。各职业院校依法制定体现现代职业教育特色的章程和制度，完善治理结构，提升治理能力。建立企业经营管理者与学校领导相互兼职的规范化管理制度。形成体现职业院校办学管理特点的绩效考核和分配机制。推动职业院校建立内部质量监控体系，形成行业、企业和社会力量参与学校治理的长效机制。

4. 营造舆论宣传氛围。开展"职业教育宣传周"和"职业教育校园开放日"活动，建立由政府主办、教育部门牵头、各部门配合、多方参与、职业院校具体实施的职业教育宣传机制，大力宣传职业教育政策法规和办学实绩，增强社会各界对职业教育的认同感。

（二）创新办学模式，打造产教融合高地

1. 实施中高职衔接贯通培养。稳步实施中等职业教育和不同层次高等职

业教育衔接的人才培养，与省内外高等院校沟通衔接，深化中高职贯通、五年一贯制等人才培养模式改革，推进实施中等职业教育和应用技术本科教育贯通培养，探索在国家示范校先行试点开设五年一贯制大专班。

2. 实施高中阶段职普融通。积极探索普通教育与职业教育横向互通，开辟职业教育与普通教育学生交流通道，满足不同学生的发展意愿，为学生多元发展搭建成长平台，实现两类教育在教学资源、教学模式、师资建设、课改成果、学籍转换等方面的互补与融合。从2018秋季学期起，每个县（区）至少选择1所普通高中开展职普融通的试点改革工作。

3. 在义务教育阶段渗透职业技术教育。推动义务教育阶段的劳动技术课程改革，在义务教育阶段学校开设职业教育课程，并纳入学生综合素质评价。职业院校面向中小学开放共享实训场所、课程、师资等教育教学资源，开展生产实践体验，丰富中小学生职业体验，培养学生的劳动意识和劳动技能。

4. 构建产教融合、校企协同育人体系。全面实施工学结合、校企合作的人才培养模式，提高学生的职业道德、职业技能和就业创业能力。支持有条件的职业院校与企业广泛开展深度合作，加强职业院校专业建设，实现职业院校专业紧密对接区域主导产业发展，鼓励企业在职业院校投资新建生产性实训基地以及兼具生产、教学功能的校中工厂。全面推行"校企双元育人、学徒双重身份、导师双向来源、经费双方分担"的现代学徒制，促进人才培养供给侧和产业需求侧结构要素全方位融合。

（三）着眼内涵建设，打造一流品牌高地

1 加快学校治理结构改革步伐。建立健全职业院校理事会制度，引入行业企业、科研院所、社会组织等第三方参与职业学校治理。推动学校优化内部治理，发展跨学科、跨专业教学和科研组织。建设现代学校制度，健全教职工代表大会制度，保障教师参与学校决策的民主权利。加强对群团组织工作的领导，充分发挥群团组织在现代学校治理中的桥梁纽带作用。

2. 实施职教师资能力提升工程。实施职业院校教师素质提高计划，落实五年一周期的教师全员培训制度，建立职业院校、行业企业联合培养"双师型"教师机制。落实职业院校教师企业实践制度，建立企业经营管理者、技术能手与职业院校管理者、骨干教师相互兼职制度，建立职业教育最美教师、专业学科带头人、骨干教师、青年教学能手、职教名师表彰奖励制度，逐级建立"名师工作室"，建立名师津贴奖补制度。密切与东部发达地区职业院校和省属职业院校的交流关系，建立管理人员交流挂职、专任教师交流任教制度。探索实施职业院校国际合作交流，扩大职业院校教师赴国外参训比例。设立职业教育专项研究课题，提高职业院校教师的科研能力。

3. 健全职业院校教师管理制度。落实职业院校教师配备标准和资格认定标准，畅通人才引进渠道，提高人才待遇，大力引进高学历、高技能人才。给予职业院校在编制总数20%内自主聘用具有专业职业资格的技能人才的权力，鼓励和支持职业院校面向社会自主招聘领军人才、能工巧匠、高校教授兼职任教。建立符合职业特色的职称评价标准，适当提高职业院校中高级教师岗位比例，畅通突出业绩教师破格晋升职称的通道，引导教师潜心教书育人。加强聘后管理，激发教师的工作活力。

4. 推进一流专业建设进程。推动专业建设与产业转型升级相适应，建立紧密对接产业链、创新链的专业体系。大力发展现代农业、智能制造、新一代信息技术、节能环保、新能源以及现代交通运输、高效物流、电子商务、老年护理等产业急需紧缺专业。适应新一轮科技革命和产业变革及新经济发展，促进学科专业交叉融合，使职业教育专业体系与我市经济社会发展需求更加匹配，与扶贫开发目标更加适应。加快一流专业建设进程，探索实施跨专业融合工程，建立一批市级、省级一流专业，引领带动专业发展。

5. 实施智慧校园建设工程。加大资金投入力度，建设先进、高效和实用的职业教育信息化基础设施，职业院校全部建成标准化数字校园，网络信息点覆盖所有教育教学实训及生活场所。加快"互联网＋教育"向"物联网＋教育"的发展进程，努力推进职业教育智慧校园建设，建设感知、协同、控制一体的智能化、系统化、综合化智慧教室和智慧校园，推进智慧教育的发展，全面提高学生通用信息能力、数字化学习能力和综合信息素养。

（四）聚焦区域发展，打造优质服务高地

1. 整合培训资源。在各职业院校建成职业通用培训平台，有效整合教育、人社、扶贫、农牧等部门的培训资源，统筹培训项目和计划，由职业院校具体实施，形成立体化、可选择的产业技术课程和职业培训包。

2. 创新培训方式。充分发挥通用培训平台的优质培训资源，大力支持"互联网＋教育"培训方式，编制培训菜单，实行分级培训、点菜培训，实现按需培训、精准培训。

3. 拓宽培训范围。面向高校毕业生、在职职工、退役士兵、来平从业人员、失业人员、社区居民等群体，开展就业技能培训、岗位技能提升培训、创业培训和继续教育培训，构建终身职业培训系统。

4. 统筹培训资金。对教育、人社、扶贫、农牧等部门的培训项目资金在县级层面进行有效整合，由县（区）政府统一管理，专款专用，在通用培训平台上集中使用、精准实施。

四、保障机制

（一）落实政府职责

市政府统筹领导全市职业教育发展，定期召开专题会议，研究重大问题，出台扶持政策；对各县（区）和相关行业部门发展职业教育情况开展专项考评。各县（区）政府要不断加强县域内高中阶段教育的统筹力度，确保普通高中教育与中等职业教育办学规模大体相当，要成立职业教育联席会议，整合职业教育及培训资源，及时研究解决职业教育工作中的有关问题。

（二）健全投入机制

各县（区）政府要严格落实国务院、省政府、市政府关于对加快发展现代职业教育的政策规定，财政部门要足额落实本级财政应承担的20%免学费补助资金，出台职业学校学生人均经费标准或公用经费标准；严格执行地方教育费附加用于职业教育的比例不低于30%的规定；市财政和各县（区）财政每年分别落实不少于500万元和300万元的职业教育专项经费，分别落实不少于50万元和20万元的学生技能大赛专项经费；企业要依法履行职工教育培训职责，一般企业按照职工工资总额的1.5%提取教育培训经费，经济效益较好的企业按2.5%提取，其中用于一线职工教育培训的比例不低于60%。要健全政府补贴、购买服务、助学贷款、基金奖励、捐资激励等制度，鼓励支持社会力量通过独资、融资、合资等多种形式举办职业教育；允许以资本、知识、技术、管理等要素参与办学并享有相应权利；探索发展股份制、混合所有制职业学校；引导社会力量参与教学过程，共同开发课程和教材等教育资源。

（三）强化督导评估

市政府依法依规加强对各县（区）政府履行发展职业教育职责情况的督导评估，重点围绕职业教育发展的体制机制建设与创新、普职比例、经费投入、办学条件保障及发展水平与特色等方面开展督导。要落实督导报告公布制度，把职业教育发展水平作为对各县（区）教育事业发展考评的重要依据，纳入党政领导教育工作考核和政府绩效考核指标体系，增大政绩考核指标比重，对履职不到位或连续两年排名末尾的进行问责。

（四）营造良好环境

人社部门要进一步加大对用人单位的就业准入执法力度，落实"先培训后就业"和"先持证后上岗"的就业准入制度。加大宣传和奖励力度，引导全社会树立"劳动光荣、技能宝贵、创造伟大"的时代风尚和"崇尚一技之长、不唯学历凭能力"的人才观念，研究完善职业教育先进单位和先进个人表彰奖励制度，落实好职业教育科研和教学成果奖励制度，提高技术技能人才的经济待遇和社会地位，不断增强职业教育社会影响力和吸引力，实现技术技能人才培养、社会需求和就业促进的良性互动，营造有利于现代职业教育发展的舆论环境和氛围。

中共平凉市委办公室　平凉市人民政府办公室

2018 年 1 月 30 日

附录2 《中共泾川县委办公室 泾川县人民政府办公室关于落实〈关于加快完善现代职业教育体系 打造陕甘宁三省区职业教育高地的意见〉的实施意见》

根据中共平凉市委、平凉市人民政府《关于加快完善现代职业教育体系 打造陕甘宁三省区职业教育高地的意见》(平发〔2018〕30发)文件精神,结合我县实际,特制定如下实施意见。

一、指导思想

坚持习近平新时代中国特色社会主义思想为指导,全面贯彻落实党的十九大精神和党中央、国务院关于加快发展现代职业教育的决策部署、《甘肃省人民政府关于贯彻落实国务院加快发展现代职业教育决定的实施意见》和市委市政府《关于加快完善现代职业教育体系 打造陕甘宁三省区职业教育高地的意见》等文件精神,根据我市"政府推动、市场引导,统筹兼顾、服务地方,系统培养、多样成才,优化结构、形成特色,产教结合、校企合作"的现代职业教育体系要求,以促进就业和适应产业发展需求为导向,着眼县域经济社会发展和供给侧改革的需求,进一步加大改革力度,加快发展步伐,使职业教育与县域经济社会同步规划、同步发展,与经济新常态下产业结构升级、技术更新换代和大众创业、万众创新的时代需求更加契合,全面提升我县职业教育改革发展水平。

二、主要目标

到 2020 年，建成与我县主导产业发展相匹配、与扶贫开发目标相适应、产教深度融合、专业设置合理、队伍素质过硬、办学特色鲜明、发展环境优化，符合县情实际的现代职业教育高地。

——专业设置更加合理。立足泾川，面向市场，动态调整专业设置，使职业教育专业体系与我县产业更加匹配，与扶贫开发目标更加适应。深入推进校企合作、产教融合力度，健全行业企业与职业学校沟通合作机制，实现重点专业和重点产业的深度对接。

——队伍素质全面提升。职业学校师资队伍结构更加合理，素质不断提升，引进机制更加灵活。具有研究生学历教师比例达到 10% 以上，具有实践经验的"双师型"教师比例达到 70% 以上，聘请的兼职教师有效满足专业发展需求。

——办学水平持续提高。职业学校管理水平更加科学，办学特色更加鲜明，教育质量大幅提升，智慧校园应用更加全面，技术技能型人才竞争优势突显，职业教育的办学吸引力和服务全县经济社会发展的能力显著增强。

——发展环境更加优化。现代职业教育制度基本建立，职业教育发展的政策法规落实到位，政府主导、行业指导、企业参与的机制更加完善，学校办学自主权不断扩大，多元化办学格局基本形成，社会人才观念显著改善，技术技能型人才的待遇和地位显著提高，支持和参与职业教育的氛围更加浓厚。

三、重点工作

（一）创新制度机制，打造政策舆论高地

创新职业教育管理体制。树立"大职业教育"理念，建立职业教育联席会议制度，理顺管理体制，明确政府及各部门职责，形成政府统筹、分口管理、上下联动、协调发展的新型职业教育管理体制。

探索完善集团化办学路径。加大财政政策支持力度，充分发挥政府、社会、职业学校、企业在职业教育发展中的突出优势，通过集团化办学整合各种专业资源、实训资源、教师资源、研发资源、企业资源等，全面激发各类要素的能动性和主动性，促进职业教育持续健康协调发展。

增强职业院校办学活力。扩大职业院校在人事管理、教师职称评聘、收入分配等方面的办学自主权，减少行政干预，逐步实现管、办、评分离，建立服务职业教育的绿色通道，激发学校办学活力。职业学校依法制定（或修订）体现现代职业教育特色的章程和制度，完善治理结构，提升治理能力。建立企业经营管理者与学校领导相互兼职的规范化管理制度，形成体现职业学校办学管理特点的绩效考核和分配机制。推动职业学校建立内部质量监控体系，形成行业、企业和社会力量参与学校治理的长效机制。

营造舆论宣传氛围。开展"职业教育宣传周"和"职业教育校园开放日"活动，建立由政府主办、教育部门牵头、各部门配合、多方参与、职业学校具体实施的职业教育宣传机制，大力宣传职业教育政策法规和办学实绩，增强社会各界对职业教育的认同感。

（二）创新办学模式，打造产教融合高地

实施中高职衔接贯通培养。与省内外高等院校沟通衔接，稳步实施中等职业教育和不同层次高等职业教育衔接的人才培养，深化中高职贯通、五年一贯制等人才培养模式改革，推进实施中等职业教育和应用技术本科教育贯

通培养。

实施高中阶段职普融通。积极探索普通教育与职业教育横向互通,开辟职业教育与普通教育学生交流通道,满足不同学生的发展意愿,为学生多元发展搭建成长平台,实现两类教育在教学资源、教学模式、师资建设、课改成果、学籍转换等方面的互补与融合。

在义务教育阶段渗透职业技术教育。推动义务教育阶段的劳动技术课程改革,在义务教育阶段学校开设职业教育课程,并纳入学生综合素质评价。职业学校面向全县中小学开放共享实训场所、课程、师资等教育教学资源,开展生产实践体验,丰富中小学生职业体验,培养学生的劳动意识和劳动技能。

构建产教融合、校企协同育人体系。职业学校全面实施工学结合、校企合作的人才培养模式,提高学生的职业道德、职业技能和就业创业能力。支持职业学校与企业广泛开展深度合作,鼓励企业在职业学校投资新建生产性实训基地以及兼具生产、教学功能的校中工厂。全面推行"校企双元育人、学徒双重身份、导师双向来源、经费双方分担"的现代学徒制,促进人才培养供给侧和产业需求侧结构要素全方位融合。

(三)着眼内涵建设,打造一流品牌高地

加快学校治理结构改革步伐。建立健全职业院校理事会制度,引入行业企业、科研院所、社会组织等第三方参与职业学校治理。推动学校优化内部治理,发展跨学科、跨专业教学和科研组织。建设现代学校制度,健全教职工代表大会制度,保障教师参与学校决策的民主权利。加强对群团组织工作的领导,充分发挥群团组织在现代学校治理中的桥梁纽带作用。

重视学生综合素质培养。落实立德树人根本任务,把培育和践行社会主义核心价值观融入育人全过程,加强理想信念、职业道德、心理健康等方面的教育,积极开展家庭教育,组织学生参加各类志愿服务和社会实践活动,

注重学生表达能力、沟通能力培养，锤炼学生阳光自信、吃苦耐劳品格，重视职业道德和职业精神培育，全面提高学生的思想道德素质和实践能力。推动产业文化进职教、企业文化进校园、职业文化进课堂进程，积极创建有职业教育特色的校园文化品牌和德育工作模式。

实施职教师资能力提升工程。实施职业学校教师素质提高计划，落实五年一周期的教师全员培训制度，建立职业学校、行业企业联合培养"双师型"教师机制。落实职业学校教师企业实践制度，建立企业经营管理者、技术能手与职业学校管理者、骨干教师相互兼职制度。建立职业教育最美教师、专业学科带头人、骨干教师、青年教学能手、职教名师表彰奖励制度，建立"名师工作室"，落实名师津贴奖补制度。密切与东部发达地区职业院校和省属职业院校的交流关系，建立管理人员交流挂职、专任教师交流任教制度。探索实施职业学校国际合作交流，扩大职业学校教师赴国外参训比例。

健全职业院校教师管理制度。落实职业学校教师配备标准和资格认定标准，畅通人才引进渠道，提高人才待遇，大力引进高学历、高技能人才。鼓励和支持职业学校面向社会自主招聘领军人才、能工巧匠、高校教授兼职任教。建立符合职业特色的职称评价标准，适当提高职业院校中高级教师岗位比例，畅通突出业绩教师破格晋升职称的通道，引导教师潜心教书育人。加强聘后管理，激发教师的工作活力。

深化教育教学改革。推动专业建设与产业转型升级相适应，建立紧密对接产业链、创新链的专业体系。大力发展现代农业、智能制造、新一代信息技术、节能环保、新能源等产业急需紧缺专业，开设软件与信息服务专业，抢占大数据产业技能型人才培养的先机。加快一流专业建设进程，探索实施跨专业融合工程，申报建立一批市级、省级一流专业，引领带动专业发展。深化教学模式改革，推行项目案例教学、仿真教学、基于工作过程导向教学模式；改革教学和评价方式，建立学校、企业、行业及其他社会组织参与度评价机制。

实施智慧校园建设工程。加大资金投入力度，建设先进、高效和实用的职业教育信息化基础设施。加快"互联网＋教育"发展进程，努力推进职业教育智慧校园建设，建设感知、协同、控制一体的智能化、系统化、综合化智慧教室和智慧校园，推进智慧教育的发展，全面提高学生通用信息能力、数字化学习能力和综合信息素养。

（四）聚焦区域发展，打造扶贫服务高地

整合培训资源。有效整合教育、人社、扶贫、农牧等部门的培训资源，建成全县职业通用培训平台，统筹培训项目和计划，形成立体化、可选择的产业技术课程和职业培训包。

创新培训方式。充分发挥通用培训平台的优质培训资源，大力支持"互联网＋教育"培训方式，编制培训菜单，实行分级培训，按需培训。

拓宽培训范围。面向建档立卡户劳动力、高校毕业生、在职职工、退役士兵、来泾从业人员、失业人员、社区居民等群体，开展就业技能培训、岗位技能提升培训、创业培训和继续教育培训，构建终身职业培训系统，做到"扶技"与"扶智""扶志"并举并重，阻断贫困代际传递。

统筹培训资金。对教育、人社、扶贫、农牧等部门的培训项目资金在县级层面进行有效整合，由县（区）政府统一管理，专款专用，在通用培训平台上集中使用、精准实施。

四、保障机制

（一）落实政府职责

县政府统筹领导全县职业教育发展，定期召开专题会议，研究重大问题，落实各级政策。不断加强县域内高中阶段教育的统筹力度，确保普通高中教育与中等职业教育办学规模大体相当。成立职业教育联席会议，整合职业教育及培训资源,及时研究解决职业教育工作中的有关问题。

(二)健全投入机制

严格落实国务院、省政府、市政府关于对加快发展现代职业教育的政策规定,财政部门要足额落实本级财政应承担的20%免学费补助资金;严格执行地方教育费附加用于职业教育的比例不低于30%的规定;每年落实不少于300万元的职业教育专项经费,落实不少于20万元的学生技能大赛专项经费;企业依法履行职工教育培训职责,一般企业按照职工工资总额的1.5%提取教育培训经费,经济效益较好的企业按2.5%提取,其中用于一线职工教育培训的比例不低于60%。健全政府补贴、购买服务、助学贷款、基金奖励、捐资激励等制度,鼓励支持社会力量通过独资、融资、合资等多种形式举办职业教育;允许以资本、知识、技术、管理等要素参与办学并享有相应权利;引导社会力量参与教学过程,共同开发课程和教材等教育资源。

(三)营造良好环境

进一步加大对用人单位的就业准入执法力度,落实"先培训后就业"和"先持证后上岗"的就业准入制度。加大宣传和奖励力度,引导全社会树立"劳动光荣、技能宝贵、创造伟大"的时代风尚和"崇尚一技之长、不唯学历凭能力"的人才观念,研究完善职业教育先进单位和先进个人表彰奖励制度,落实好职业教育科研和教学成果奖励制度,提高技术技能人才的经济待遇和社会地位,不断增强职业教育社会影响力和吸引力,实现技术技能人才培养、社会需求和就业促进的良性互动,营造有利于现代职业教育发展的舆论环境和氛围。

附录3 《泾川县实施职业教育"技能脱贫"工程试点项目方案》

一、项目简介

2018年是实现我县整县脱贫摘帽的关键之年,为了充分发挥职业教育在培养技术技能人才、助力脱贫攻坚方面的重要作用,结合我县实际,拟在全县范围内实施职业教育"技能脱贫"工程。

目前,我县拥有公办职业教育中心一所,该校是一所以中等职业技术教育为主体,集高等成人教育、专业技术人员继续教育、城镇下岗职工再就业培训和农村劳动力转移培训为一体的职业教育学校,是国家级重点中等职业学校,国家中等职业教育改革发展示范校,全国首批"现代学徒制"试点中职校,全国首批职业院校数字校园建设实验校,设有平凉市第八国家职业技能鉴定所,开设数控技术应用等13个专业。

近年来,该校以党的十九大精神和习近平新时代中国特色社会主义思想为指导,认真贯彻落实甘肃省"1+17"、平凉市"2+19"精准扶贫精准脱贫方案、《甘肃省教育精准扶贫国家级示范区平凉先行先试实施方案》及泾川县关于精准扶贫工作的要求,紧盯精准扶贫、精准脱贫"一号工程",围绕"订单培养一人、精准就业一人、精准脱贫一家"的目标,全面落实职业教育发展政策,以精准扶贫建档立卡户学生为主,组建精准扶贫精准脱贫订单班,通过精准宣传招生、精准设置专业,精准培训培养等措施,人才培养质量不断提升,教育扶贫成效显著,社会反响良好,使该项目实施具有良好的基础。

该项目实施后,我县职业教育服务县域经济发展的能力进一步提升,职业学校学生学习环境进一步优化,毕业学生就业得到有效保障,全县职业教育助力精准扶贫的作用进一步彰显。

二、试点时间

2018年10月—2019年12月

三、主要举措

一是持续改善办学条件。按照"教学、生产、培训、技术服务、技能鉴定"的原则,结合职业学校专业设置情况,紧贴行业发展新需求,通过争取项目投资,地方配套等形式筹措资金,及时添置新开设专业实训设备,逐步更新部分已开设专业实训设备,持续改善专业实训条件,使各专业实训条件既能满足常规教育教学活动需求,又能满足开展社会培训鉴定需求。

二是落实各类助学政策。职教中心全面落实中等职业学校学生国家助学金、免学费等资助政策,并力所能及地争取联办企业和社会爱心人士的捐资助学。县扶贫部门按要求做好精准扶贫建档立卡贫困户学生"雨露计划"项目资金的发放,使学生不因家庭经济困难辍学。

三是开展"订单式"人才培养工程。职教中心按照"生产规模大、科技含量高、生活条件优、保障措施好"遴选企业原则,在征询学生及家长同意的基础上,优先将精准扶贫建档立卡户学生作为培养对象,精准遴选与当前所开设专业对口的企业进行合作,实施订单定向冠名培养,使订单班学生实现入学能入职、顶岗能上岗、毕业能就业。

四是建立精准扶贫培训平台。依托县职教中心,统筹教育、人社、扶贫、农牧、妇联、残联等部门的培训计划、资金和项目，建成精准扶贫精准脱贫通用培训平台，形成有效衔接、资源共享的技术技能人才培训机制。以县为单位，建立全县精准扶贫贫困劳动力培训平台，同时在各乡镇和企业建立精准扶贫贫困劳动力实训基地，形成贫困劳动力技能培训网络，承担各类精准扶贫培训，提高精准扶贫的成效。

五是推进职业技术教育渗透。推动义务教育阶段的劳动技术课程改革，在义务教育阶段学校开设职业教育课程，并纳入学生综合素质评价。以县职教中心为主体，面向全县中小学开放共享实训场所、课程、师资等教育教学资源，开展生产实践体验，丰富中小学生职业体验，培养学生的劳动意识和劳动技能。

四、具体进度

2019年5月底前，筹措资金300万元，为县职教中心购置新开设的工业机器人等专业实训设备，增加实训工位50个以上。8月底以前，争取联办企业大金空调（上海）有限公司免费投资实训生产线2条。

按学期落实职业学校免学费资金，按月及时发放中等职业学校学生国家助学金，按年度发放"雨露计划"项目资金。

深入实施产教融合校企合作订单式人才培养模式，2019年10月前，县职教中心实施"订单式"人才培养的专业达到开设专业总数的60%以上。

县职教中心在每年招生之际，采取开展职业宣传月活动、开放校园、进入义务教育阶段宣传等方式，对义务教育阶段学生和家长大力宣传职业教育方针政策；义务教育学校通过开设职业技能课程、带领学生进入职教中心实训基地实践体验等形式，培养学生的职业技能。

五、预期成效

人才培养质量持续提高。通过实施系列脱贫工程，在全县范围内营造良好的职业教育氛围，职业教育招生规模不断扩大，学校按照企业需求培养人才，学生依托良好的实训条件，练就过硬的技能水平，为毕业后顺利就业奠定良好的基础。

校企实现双赢发展。通过深入实施校企合作工程，学校与企业的合作更加紧密，往来更加密切，学校培养的学生就业得到有效保障，也培养了满足企业需求的技术技能人才，促进校企协同发展。

助力扶贫攻坚能力增强。职业学校学生通过在校两年的学习，进入订单企业实习就业，按每人收入 3500 元计算，每人每年至少可为家庭带回经济收入 4 万元左右，真正实现"招生一人，培养一人，就业一人，致富一家"的培养目标。

参考文献

[1] 亚当·斯密. 国民财富的性质以及其原因研究 [M]. 北京：商务印书馆，1997.

[2] 阿玛蒂亚·森. 经济学与伦理学 [M]. 北京：商务印书馆，2000.

[3] 阿玛蒂亚·森. 贫困与饥荒——论权利与剥夺 [M]. 北京：商务印书馆，2001.

[4] 阿比吉特·班纳吉. 贫困的本质 [M]. 北京：中信出版社，2020.

[5] 康晓光. 中国贫困与反贫困理论 [M]. 南宁：广西人民出版社，1995.

[6] 罗必良. 从贫困走向富饶 [M]. 重庆：重庆出版社，1991.

[7] 沈红，周黎安，陈胜利. 边缘地带小农：中国贫困的微观解理 [M]. 北京：人民出版社，1992.

[8] 潘泽泉. 转型与发展：当代中国农村贫困问题研究 [M]. 北京：中国社会科学出版社，2019.

[9] 程冠军. 精准脱贫中国方案 [M]. 北京：中央编译出版社，2017.

[10] 柳劲松. 空间经济学视阈下武陵山区农村职教扶贫研究 [M]. 北京：科学出版社，2018.

[11] 关晶. 职业教育现代学徒制的比较与实践 [M]. 长沙：湖南师范大学出版社，2016.